Domina tu Mente

Aprende a superar los limites que te impiden disfrutar la vida que deseas. Supera la ansiedad, la negatividad, el estrés emocional, la depresión y mejora tu confianza y tu autoestima

Eduardo Sandoval

Tabla de Contenidos

Introducción

¿Te consideras una persona racional?

Todos nosotros lo hacemos. Nos gusta pensar que controlamos nuestras emociones. La mayoría de las decisiones que llevamos a cabo generalmente, se consideran el resultado de una cuidadosa contemplación e investigación. Pero la verdadera pregunta que debemos hacernos aquí es: ¿realmente controlamos nuestras emociones o es simplemente una ilusión de control?

En 2008, Adam Galinsky, quien trabaja en Administración y Organización en la Escuela de Administración Kellogg de la Universidad de Northwestern, y Jennifer Whitson, de la Universidad de Texas, en Austin, notaron algo sobre el control (Hallinan, 2014). Se dieron cuenta, que cuando las personas sienten que han perdido el control, o tienen un control deficiente en sus vidas, comienzan a ver patrones inexistentes. En los muchos experimentos que realizaron, descubrieron que las personas aumentan la creación de patrones y estructuras, cuando experimentan una falta de control.

Con la información anterior, ¿podemos empezar a pensar que no siempre somos criaturas racionales?

La verdad es que la psicología, ya había demostrado que a menudo no somos racionales. Pasamos por la vida acumulando experiencias, ideas e información, que juntos crean la persona que somos hoy. De hecho, a menudo creemos que ser racional, es el camino a seguir en la vida.

Pero, la psicología ha demostrado lo contrario. Tomemos el experimento realizado en la Universidad de Virginia por Timothy Wilson (Gladwell, 1991). Había pedido a los estudiantes que eligieran entre dos colecciones de pinturas para llevar a sus casas. Una de ellas consistía en pinturas impresionistas, mientras que la otra consistía en cuadros de animales. Al elegir, la mitad de los estudiantes tuvieron que explicar por qué eligieron la pintura. La otra mitad de los participantes podría elegir cualquier pintura, sin dar una explicación racional.

¿El resultado?

Los que se vieron obligados a analizar sus elecciones, tenían más probabilidades de elegir las imágenes de los animales. Los que tenían la libertad de elegir sin estar encadenados al razonamiento lógico, preferían las pinturas impresionistas. Pero ese no fue el resultado más sorprendente del estudio. Después de aproximadamente tres semanas, Wilson regresó con los estudiantes y les preguntó cómo se sentían acerca de sus elecciones.

Aquellos que tuvieron que pensar en su elección, estaban menos contentos con su resultado, mientras que el otro grupo, estaba satisfecho con él.

Pero ¿por qué es esto así? ¿No debería la mente racional haber analizado automáticamente los pros y los contras y haber elegido la mejor colección de pintura?

Probemos y examinemos esto desde otra perspectiva.

Vamos a ver cuán racionalmente piensas.

Como la mayoría de las personas, creemos que nuestras convicciones y conclusiones son el resultado de un curso de razonamiento lógico, racional e imparcial. Confiamos en nuestra capacidad de reunir los hechos, antes de que podamos formar una creencia sobre algo. Desafortunadamente, esto no es necesariamente cierto. Todos somos susceptibles a un fenómeno psicológico llamado sesgo de confirmación (Heshmat, 2015). Este sesgo simplemente establece que nuestras opiniones, conclusiones y creencias son el resultado de considerar solo la información que confirmó nuestras creencias e ignoró la información que contradecía nuestras nociones preconcebidas.

¿Marvel es mejor que DC? ¿Debería ir primero la leche al tazón o el cereal? No importa qué elecciones hagan las personas, es probable que se detengan a pensar en la otra opción. Si Marvel es su opción preferida, entonces harán cualquier cosa para defender esa opción.

Este sesgo incluso se extiende hacia la forma en que resolvemos los problemas. Creemos que tenemos razón en que no nos detenemos a pensar en una solución alternativa.

De hecho, un experimento para probar esto, fue realizado en 1970 por dos psicólogos, Daniel Kahneman y Amos Tversky (Goldhill, 2015). Su trabajo todavía es utilizado como caso de estudio por muchos psicólogos. Los dos psicólogos habían descubierto que los seres humanos no somos criaturas racionales. Tomamos decisiones que, de alguna manera, parecen desafiar la lógica.

Entonces, con esto en mente, intentemos un experimento llamado "Tarea de Selección de Wason", desarrollado por Peter Cathcart Wason, para demostrar lo lógico que eres. (Bye, 2012). Esto debería ser bastante simple, así que responde con la mayor honestidad posible.

Tienes cuatro tarjetas frente a ti, que tienen formas de un lado y colores en el otro. De izquierda a derecha, verás la siguiente disposición de las tarjetas:

Tarjeta # 1: un cuadrado

Tarjeta # 2: un círculo

Tarjeta # 3: el color rojo

Tarjeta # 4: el color amarillo

Tienes una simple tarea. Debes elegir las tarjetas que cumplan con los siguientes criterios:

Si una tarjeta en particular tiene forma de círculo en una cara, entonces la cara opuesta, una vez que la gires, debería tener el color amarillo.

¿Qué tarjetas tendrías que entregar para probar la teoría anterior? No puedes elegir más de dos tarjetas.

Ahora tómate tu tiempo con el experimento anterior. Puedes pasar a la siguiente sección una vez que hayas hecho tu selección.

Una vez más, las tarjetas muestran cuadrado, círculo, rojo y amarillo. ¿Qué tarjetas debes entregar para probar la teoría? Si una tarjeta en particular, tiene la forma de un círculo en una cara, entonces el color amarillo debe estar en la cara opuesta.

Si hubieras elegido el círculo y la carta amarilla, entonces es la respuesta más lógica.

Pero también es la respuesta incorrecta.

Al llegar a la conclusión de dar vuelta el círculo y la tarjeta amarilla, nos basamos en observaciones obvias que toman la decisión por nosotros.

Entonces, ¿cuál es la respuesta correcta? Tenemos que dar la vuelta el círculo y la tarjeta roja.

Si realmente tuviéramos que usar nuestra mente racionalmente, entonces empezaríamos a entender lo siguiente:

Tarjeta #1: No necesitamos dar vuelta esta tarjeta. El criterio no dice qué color tiene que haber detrás del símbolo del cuadrado. Aunque muestre el color amarillo, no rompe ninguna regla.

Carta #2: Debes dar la vuelta a esta carta. Necesitas comprobar si está el color amarillo del otro lado de la tarjeta. Si no está, entonces el criterio se ha roto.

Carta #3: Necesitamos dar la vuelta a esta tarjeta para ver si hay un círculo en la cara opuesta. Después de todo, estamos demostrando que la cara con el círculo debe tener el color amarillo en su cara opuesta. Si damos la vuelta a la carta roja y vemos un círculo, entonces, el criterio se ha roto.

Carta #4: No necesitas dar la vuelta a esta tarjeta. La razón radica en la propia declaración. Estamos buscando para ver si la cara con la forma de círculo en ella tiene el color amarillo en su cara opuesta. No importa si la cara amarilla tiene un cuadrado o un círculo en su cara opuesta. Es intrascendente para nosotros.

¿Qué muestran las teorías, ejemplos y pruebas anteriores? Ahora que hemos demostrado que los humanos no son exactamente criaturas racionales y lógicas, ¿cuál es nuestra conclusión? ¿Por qué es necesario probar que la racionalidad no es exactamente el rasgo más característico del ser humano?

La mejor manera de responder a las preguntas anteriores es respondiendo a esta única pregunta.

¿Qué nos guía si no es el pensamiento racional y lógico?

La respuesta es: las emociones.

Y las emociones son lo que vamos a entender y manejar en este libro.

Capítulo 1: Entendiendo la mente

La mente es compleja. Es el hogar de falacias lógicas, heurísticas y sesgos cognitivos. Recorremos nuestras vidas usando estas tres condiciones psicológicas antes mencionadas para nuestra ventaja. Nos ayudan a guiar nuestras creencias, ideas, esperanzas, objetivos, ambiciones, reacciones y todo lo demás que nos ayuda a navegar por las complejidades de la vida.

Las falacias lógicas, se refieren a procesos en los que tu mente se salta algunos pasos para llegar a una conclusión (Nordquist, 2018). Te sucede tan naturalmente que ni siquiera te das cuenta. Piensa en todas esas veces en las que escuchaste a alguien teorizar acerca de algo, y dijo algo así como: "Probablemente... (inserta la idea aquí)".

Las heurísticas, son atajos que tu mente toma para resolver un problema ("Heurística", 2017). En lugar de observar cada bit de información, automáticamente descartas cosas en las que no quieres enfocarte.

Finalmente, los sesgos cognitivos, se refieren a ciertos patrones de comportamiento o pensamiento que nos llevan a sacar conclusiones incorrectas (Cherry, 2019).

Pero, ¿por qué tenemos todos estos patrones mentales y fenómenos psicológicos con nosotros? Para descubrirlo, necesitamos profundizar en el subconsciente.

Consciente vs Subconsciente

Todos pensamos que elegimos nuestras acciones conscientemente. Después de todo, la parte consciente de nuestro cerebro es la que guía nuestro pensamiento y comportamiento racional. Pero la mayoría de las veces, hay otro factor de guía en juego.

Piensa en este escenario. Te diriges a la tienda local- un lugar que frecuentas tanto que puedes dibujar un mapa del lugar con los ojos cerrados - para conseguir algunas verduras. Empiezas a pensar en los vegetales que vas a comprar. Mientras lo haces, te preguntas qué recetas podrías hacer con esas verduras. Los pensamientos de las recetas se convierten en la vez que cocinaste esa deliciosa cena para tu familia. Las reflexiones de tu familia evocan imágenes del tiempo que pasaron en esa increíble barbacoa. ¿Quizás podrías intentar planear algo este fin de semana?

Esperen un minuto.

Ya has llegado a la tienda. ¿Pero cómo has llegado allí? ¿Qué guió a tu cuerpo a llegar a tu destino sin tu conocimiento? ¿Tienes poderes psíquicos y ya es hora de unirte a los X-Men?

Apenas. Lo que te ha pasado, es un fenómeno psicológico llamado hipnosis de carretera. Durante este fenómeno, tu mente está bastante atenta, pero estás experimentando todo, en un estado ligeramente diferente. En este estado, tu subconsciente toma el control.

Cada día, divides tus experiencias en dos formas únicas; consciente y subconsciente. De hecho, lo estás haciendo ahora mismo. Mientras lees las palabras de esta página, otra presencia está controlando tu postura corporal, el parpadeo, la respiración, la temperatura corporal, e incluso la forma en que estás leyendo este libro (con absoluta fascinación e interés, espero).

Siempre puedes elegir poner estas acciones en control consciente. Pero si lo haces, puede que no seas capaz de prestar la debida atención a este libro. Estarías abrumado con tantas decisiones, que intentar llevar la cuenta de todo, podría ser bastante difícil.

Podrías conducir al trabajo concentrándote conscientemente en tu conducción o poniéndolo en piloto automático mientras respondes a llamadas importantes o revisas rápidamente tus correos electrónicos (pero por seguridad, no deberías hacer eso).

Para ti, la idea de una mente consciente y subconsciente parece algo que forma parte de la experiencia humana. Eres mayormente consciente de lo que haces, pero sabes que hay otra presencia en tu mente.

La psicología ha demostrado lo contrario. Tu mente subconsciente tiene un impacto increíblemente poderoso en ti.

Y tu ni siquiera te das cuenta.

En 2005, el psicólogo Henk Aarts y sus colegas, realizaron un experimento para mostrar cuánta influencia tiene el subconsciente en nuestra mente (Holland, Hendriks & Aarts, 2005). En el experimento, se hizo que dos grupos de sujetos rellenaran un cuestionario. Para un grupo, había en la habitación la presencia de productos de limpieza con aroma a cítricos. El otro grupo se sentó en una habitación sin ningún tipo de olor. Al final del cuestionario, se instruyó a los participantes de ambos grupos para que comieran una galleta. ¿El resultado? El grupo que se sentó en la habitación con olor a limpio, mantuvo su entorno directo limpio de migas, más que el grupo que se sentó en una habitación sin ningún tipo de olores.

Simplemente exponiendo a los participantes a un olor particular, se desencadenó un conjunto de ideas y pensamientos relacionados,que a su vez obligaron a los participantes a actuar de una manera particular.

Imagínate eso. Todo lo que se necesitaba era un olor particular para influir en la gente.

De manera similar, tu subconsciente es un depósito de creencias, influencias, recuerdos e ideas que has estado recogiendo desde tu nacimiento. Cada vez que se produce una situación, tu subconsciente comienza a disparar sugerencias. Todo el acto es tan clandestino que ni siquiera eres consciente de ello. Tu mente subconsciente es tan poderosa como tu mente consciente. Y no sólo eso; tu mente subconsciente es extremadamente inteligente (Stafford, 2015).

Puede que ni siquiera te des cuenta de que estás siendo afectado por tu mente subconsciente. Piensa en un momento en el que hayas decidido ayudar a alguien. Te fijaste en una persona que parecía estar un poco deprimida. Inmediatamente entendiste o incluso empatizaste con su situación. Usando tu buena conciencia, seguiste adelante y ayudaste a la persona, sintiéndote bien con tus acciones por el resto del día.

Piensa en toda la situación cuidadosamente. ¿Llegaste lógicamente a la conclusión de ayudar a la persona? ¿O fue algo que *sentiste* que tenías que hacer?

Si piensas que llegaste a una conclusión racional y lógica, entonces tu proceso de pensamiento debería haber sido algo así:

Veo a esta persona que necesita ayuda. Si hubiera sido yo hace 5 años, probablemente habría pasado muy rápido. Pero me di cuenta que no debería ser tan egoísta. A partir de ese día, decidí que ayudaría a todas las personas que lo necesitaran. Por eso hoy ayudaré a esta persona. Ahora procederé a tomar medidas para aliviar la angustia de la persona.

Cuando se usa el razonamiento lógico, nada es espontáneo. Anotas cada paso en el proceso de toma de decisiones, antes de llegar a una conclusión.

Pero eso no es lo que pasó cuando decidiste ayudar a alguien. No tenías una cuenta detallada de tu cadena de pensamientos. Simplemente actuaste por impulso. Ayudaste por una emoción.

Cuando la mente está dividida, los psicólogos se refieren a la mente consciente como la mente racional y la mente subconsciente como la mente emocional. Esto se debe a que tu mente subconsciente examina todas tus experiencias y las emociones asociadas a ellas. Luego selecciona la que le parece adecuada para una situación y la envía a tu mente racional. Tu mente racional utiliza la sugerencia proporcionada por tu subconsciente y la convierte en una idea, acción o pensamiento. Lo hace tan suavemente que ni siquiera te das cuenta de que algo anda mal. Cuando abrazas a alguien que te importa, experimentas sentimientos cálidos. A su vez, esos sentimientos guían tus acciones, reacciones, hábitos y respuestas hacia esa persona en particular. Piénsalo. ¿Realmente ordenaste a tu mente o cerebro que te enviara esos sentimientos?

Tus emociones son una fuerza guía en tus decisiones, y esta no es una declaración hecha sin pruebas.

Según una investigación innovadora realizada por el neurocientífico Antonio Damasio, nuestras decisiones se basan principalmente en las emociones (Camp, 2012). En este estudio, Damasio examinó a pacientes con lesiones que habían dañado las partes emocionales de su cerebro. Descubrió que a los pacientes, les resultaba difícil decidir incluso las decisiones más simples. A pesar de la cantidad de pensamiento racional que utilizaron, no pudieron llegar a una conclusión satisfactoria.

Esto demuestra que nuestras emociones son una fuerza poderosa en nuestras vidas y que generalmente subestimamos su influencia.

Ego y Emociones

Para la mayoría de las personas, el término "ego" podría referirse a la idea de la importancia personal. Esta palabra describe cuánto piensan las personas en sí mismas, en comparación con los demás. Pero, La Psicología Hoy, tiene una descripción completamente diferente del término ego.

El marco psicológico moderno describe el ego como un sistema de autoconciencia. La conciencia no es solo la parte de nuestra mente que usamos para el pensamiento racional, sino que también es parte de la conciencia humana responsable de narrar nuestras propias vidas. Nos permite reflexionar sobre nuestros sentimientos, acciones y pensamientos para que podamos explicarlos y racionalizarlos ante los demás. En otras palabras, te permite pensar en lo que has hecho y cómo te sientes, o procesar y explicar por qué lo has hecho. Es por eso que el ego, está relacionado de muchas maneras con la idea de identidad. Después de todo, nuestra identidad, es cómo nos definimos a nosotros mismos, y el ego tiene que ver con cómo definimos nuestras acciones, pensamientos y sentimientos, que eventualmente dan forma a nuestra identidad.

El ego mismo está compuesto de varios "elementos". Los diferentes psicólogos tienen su propio conjunto de elementos que consideran importantes para el funcionamiento del ego. Aquí hay tres de los más comunes.

Compasión, Autoestima y Aceptación

Tu autoestima es el grado en que te valoras y te respetas. Es un componente importante de tu vida porque te permite aceptar tus fallas y limitaciones, trabajar en tus fortalezas y evaluarte mejor. tu compasión no significa necesariamente tu comportamiento hacia los demás. La autocompasión es un elemento vital de tu ego, ya que muestra cuán crítico o aceptable puedes ser contigo mismo. Finalmente, tu aceptación se centra en qué tan bien puedes aprobar a la persona que eres hoy.

Tu Empatía

La empatía es la capacidad de entender a los demás. Nos gusta reflejarnos en los demás para ver la situación o el mundo desde su perspectiva. En cierto modo, nos evaluamos a través de los otros. Una gran parte de la función del ego también consiste en comprender los motivos, las emociones y las acciones de los demás de una manera compleja.

Nivel de Percepción

Cuando tienes un alto nivel de autoconocimiento, comprendes mejor lo que te motiva, cómo puedes realizarte en tu vida, lo que te lleva al conflicto, tus fuentes de felicidad y otros componentes importantes que te hacen la persona que eres. Las personas con un bajo nivel de autoconocimiento tienen problemas de negación, evadiendo su propia identidad. Dado que el ego es un reflejo de nosotros mismos, nuestra visión puede ayudar a comprender qué tan bien entendemos nuestro ego.

Autodeterminación

Este elemento se refiere al proceso de adquirir experiencia mediante el acto de autoaprendizaje. Sin embargo, antes de que podamos aprender de nosotros mismos, necesitamos tener la motivación para hacerlo, la responsabilidad personal para completar el proceso de aprendizaje y la capacidad de evaluarnos a nosotros mismos, que son todos factores que están relacionados con el ego.

Todos los elementos anteriores - de una forma u otra - están afectados por las emociones. Ya hemos visto cómo nuestro subconsciente nos ayuda a darnos cuenta de que alguien necesita nuestra ayuda y cómo actuamos ante esa comprensión. Nuestro subconsciente envía sugerencias a nuestra mente consciente para aumentar nuestra empatía.

De manera similar, tu subconsciente trabaja con tu autoestima. Al enviar ciertas sugerencias, sientes un alto nivel de autoestima o, alternativamente, puedes desarrollar una mala opinión de tí mismo.

Al influir en todos los elementos de tu ego, tu subconsciente afecta a tu ego en su conjunto.

Y esto tiene algunas consecuencias importantes.

El subconsciente, siendo la parte emocional de nuestra mente, afecta a nuestro ego con una fuerte dosis de emociones. De hecho, si estuvieras estudiando la inteligencia emocional, uno de los componentes importantes en los que te enfocarías, sería en tu ego. Por eso, aunque mucha gente no se da cuenta, nuestro ego es una poderosa construcción emocional que influye en nuestras vidas y en las decisiones que tomamos cada día.

En este punto, nos hemos dado cuenta que: no sólo nuestro subconsciente (o nuestra mente emocional) afecta al comportamiento racional, sino que también influye profundamente en el ego. Es por esta razón, que la mayoría de lo que terminamos haciendo, tiene algún tipo de fundamento emocional o motivación detrás de ello.

¿Pero cómo es que nuestras emociones pueden afectarnos fácilmente sin nuestro conocimiento? Si algo nos influyera, ¿no deberíamos ser conscientes de ello por completo?

Para entender cómo nos afectan nuestras emociones, tenemos que recurrir al Primado.

El Primado y la Emoción

Casi todo lo que encuentras crea un recuerdo y una colección de asociaciones en tu mente. Tu mente es solo una pequeña computadora que está conectada a dos cámaras: tus ojos. Cada día, agregas más y más ideas, patrones e información a tu colección actual de recuerdos. Cada uno de estos factores te influye de diferentes maneras.

Por ejemplo, tenías una fuerte conexión con tus hermanos cuando eras pequeño. Tus hermanos disfrutaron jugando con muñecas o figuras de acción y, por eso, estos juguetes tienen un apego emocional en tu mente. Digamos que tiene hijos propios. Un día, llevarás a tu familia a la tienda local, cuando veas una sección para muñecas o figuras de acción, debido al apego emocional que tienes con estos objetos, puedes reflexionar sobre conseguir uno para tus hijos. Todo el proceso de pensamiento es tan automático que, antes de que te des cuenta, estás haciendo cola en el cajero comprando un juguete para tu hijo.

De manera similar, hay tantas asociaciones en tu mente basadas en relaciones, cultura, religión y ciencia. Estas, a su vez, podrían afectar tus decisiones o procesos de pensamiento en el futuro.

De hecho, un experimento realizado por Chen-Bo Zhong, de la Universidad de Toronto y Katie Liljenquist, de la Northwestern University, demostró el efecto que nuestras asociaciones tienen en nuestras decisiones (Zhong y Liljenquist, 2006).

En este experimento, dividieron a los participantes en dos grupos. A ambos grupos se les pidió que recordaran un pecado terrible de su pasado, uno que los llena de pesar. Luego se les pidió a los grupos que describieran cómo se sentían acerca de los pecados. Al Grupo A, se le permitió lavarse las manos, mientras que al Grupo B no se le dio la opción de hacerlo.

Al final del experimento, los investigadores preguntaron a los miembros de los grupos si estarían dispuestos a ayudar a un compañero de estudios en una tesis de forma gratuita.

Los resultados fueron bastante sorprendentes.

Solo alrededor del 40 por ciento de los participantes en el Grupo A (los que se lavaron las manos) aceptaron ayudar. Pero más del 70 por ciento de los participantes en el Grupo B (aquellos que no se lavaron las manos) aceptaron ayudar al compañero de estudios.

Los que se lavaron las manos, sintieron que se habían lavado sus pecados. Al hacerlo, sintieron que no tenían que dar penitencia por ellos. No había nada de lo que fueran culpables. Por otro lado, aquellos que no se lavaron las manos, aún tenían sentimientos persistentes de culpa y autoconciencia. Querían compensar los pecados que habían cometido en el pasado. Para hacerlo, acordaron ayudar al compañero de estudios.

En varias culturas y religiones alrededor del mundo, el acto mismo de lavarnos, denota un acto de purgar nuestros pecados y "limpiarnos". El Islam usa el acto de *Wudu*, donde aquellos que desean asistir a la mezquita deben limpiar partes específicas de su cuerpo en un orden específico. Los cristianos tienen el acto de ungirse con agua bendita cuando entran a una iglesia. En ciertas culturas, los factores negativos como la corrupción y la delincuencia a menudo se consideran "sucios" y deben "limpiarse" de la sociedad. Todas estas referencias simbólicas se incrustan en nuestras mentes a medida que vivimos dentro de una sociedad o cultura en particular, hasta que eventualmente influyen en nuestras acciones. Esto es lo que incluso los investigadores en el experimento anterior creen; los participantes tienen un depósito de influencias de su cultura, conductas sociales y religión que los impulsaron a responder de una manera particular.

Cuando un estímulo particular, al que te has adaptado en tu vida, afecta la forma en que piensas y actúas en el presente, ese proceso se llama *Primado*.

Y el Primado, es un fenómeno puramente subconsciente. Esto se debe a que no puedes auto primarte directamente. Tu subconsciente te prepara cuando menos lo esperas. Cuando tu subconsciente actúa, es una respuesta emocional.

Es por eso que, cuando tus emociones actúan, estimulan tu mente, lo que a su vez hace que reacciones, respondas, pienses o te comportes de una manera particular.

Aunque no lo sepas, tus emociones te influencian a través del proceso del primado.

Esto significa que gran parte de tus pensamientos son el resultado de tus emociones y debido a esto, las emociones tienen un efecto real en nuestros comportamientos.

Cómo los pensamientos determinan nuestros resultados

Hay una razón por la que libros como *El Secreto* y otras guías de autoayuda sean tan populares: basan sus resultados en la idea de que, a través del poder de la visualización y los pensamientos positivos, puedes cambiar tu vida.

Aunque el concepto no es falso, la realidad funciona de una manera completamente diferente. Esto se debe a que la mayoría de estos libros no te enseñan cómo tener en cuenta tus emociones.

El Poder de los pensamientos

Una de las formas básicas en que tus pensamientos pueden influir en los resultados, es a través de tu sistema de creencias. Veamos un ejemplo aquí. Si crees que estás seguro de asistir a esa entrevista de trabajo, y te tienes confianza, entonces estás preparado para cualquier eventualidad. Proyectas esa confianza al entrevistador y tus posibilidades de ser contratado aumentan. Por otro lado, si crees que no eres competente o que no mereces el trabajo, entonces tu nivel de confianza caerá en picada, como un paracaidista sin su paracaídas. Esto se reflejará en tu entrevista también.

Tu sistema de creencias, por otra parte, se basa en tus pensamientos. Incluso podrías decir que tus pensamientos guían tus creencias. Es como el Hombre Araña y sus habilidades para disparar telarañas; sin ellas, no va a ser capaz de moverse tan flexiblemente como lo hace. De la misma manera, tus pensamientos son sus disparadores de telarañas, guiando tu sistema de creencias en una dirección particular.

¿Dónde entran las emociones en todo esto? Tus pensamientos son la culminación de varios factores incluyendo tu ego, tu subconsciente e identidad, los tres factores que están fuertemente influenciados por tus emociones.

Potenciando tus conclusiones

En esta sección, discutiremos el fenómeno psicológico llamado sesgo de confirmación (Oswald y Grosjean, 2004).

La mayoría de las personas piensan que sacan conclusiones a través del análisis racional y objetivo de los hechos. Se ven a sí mismos como de mente abierta, eligiendo pensar que han visto ambas caras de la moneda antes de llegar a una conclusión.

En realidad, los psicólogos han notado que tendemos a buscar información que respalde nuestras nociones preconcebidas, y que prestemos poca o ninguna atención a la información que desafía nuestras creencias existentes.

Una de las formas en que puedes hacer esto, es verificando el historial de tu navegador. Si crees que buscas hechos que respalden a ambos lados del argumento, simplemente tienes que verificar tu historial de Internet, para ver si hay un sesgo visible hacia la información en la que ya crees.

Nuestros pensamientos se centran automáticamente en encontrar información de apoyo. Nos gusta creer que hemos tomado la decisión correcta. Buscamos descubrir por qué Marvel es mejor que DC, por qué la leche va primero y no el cereal, y por qué los gatos negros traen mala suerte, cuando numerosas culturas de todo el mundo piensan que eso no es cierto.

Pero la razón por la que buscamos información de respaldo, es por la forma en que nos sentimos acerca de algo. Digamos que te gustan los superhéroes de Marvel. Pero si lo piensas bien, tanto Marvel como DC tienen personajes ejemplares. Ambas marcas también tienen algunos personajes terribles (de hecho, Marvel tiene un personaje llamado Hellcow. Es una vaca mordida por un vampiro). Tanto Marvel como DC tienen historias increíbles, pero ambos también han sufrido algunas inspiraciones terribles.

Sin embargo, lo que atrae a las personas hacia una idea, tema, marca o entidad es la forma en que se sienten acerca de esa entidad. Nuestras emociones juegan un papel importante en lo que elegimos para nosotros mismos.

Nuestros sentimientos dan forma a nuestros pensamientos. Por ejemplo, cuando se nos pregunta por qué Apple es mejor que Samsung o por qué elegiríamos Playstation en lugar de Xbox, estamos listos con una serie de razones que parecen justificar nuestro razonamiento. Pero la verdad es que estamos guiando nuestros pensamientos en función de nuestras emociones, y nuestros pensamientos están utilizando el fenómeno del sesgo de confirmación, para encontrar información que respalde nuestras emociones fuertes hacia algo.

Entonces, hemos visto cómo nuestras emociones afectan nuestros pensamientos racionales, nuestro ego e incluso nuestros resultados. Pero tiene que haber más que eso, ¿no es así?

Profundicemos en nuestras emociones para comprenderlas.

Capítulo 2: Comprende las emociones

Las emociones son parte de la experiencia humana. Acabamos de ver cuánto nos influyen, pero aún no entendemos por qué. ¿Cómo es que nuestras emociones tienen tanto poder sobre nosotros cuando creemos que somos criaturas tan racionales?

Por qué las emociones son poderosas

Cuando los humanos vivían en cuevas, necesitaban estar alertas en todo momento. Necesitaban prestar atención a su entorno para defenderse de los depredadores. La menor vacilación significaría que nuestros antepasados habrían terminado siendo una comida.

En aquellos días, no había tiempo para el pensamiento racional. La supervivencia misma de la tribu o grupo de humanos dependía de lo rápido que fueran sus instintos. Si pasaran demasiado tiempo racionalizando, lo más probable es que no salieran con vida. Por eso, en lugar de centrarse en pensar demasiado, utilizaron sus instintos.

Avancemos rápido hacia el presente. Hoy, no tenemos que caminar por la calle preocupándonos por tigres dientes de sable o mamuts lanudos enojados. Sin embargo, nuestros instintos todavía están presentes con nosotros y siguen siendo tan poderosos como nuestro pensamiento racional. Esto se debe a que nuestros antepasados habían prestado más atención a sus instintos, lo que les permitió desarrollarse tan bien.

Quizás estés pensando que es una idea descabellada establecer un vínculo entre nuestros antepasados y nosotros mismos. El hecho de que hayan agudizado sus instintos no significa que automáticamente tengamos instintos más elevados.

Por el contrario, una de las formas en que los instintos se transfieren de una generación de organismos a otra, es a través del proceso de evolución (Cudmore, 2017). De hecho, la investigación ha demostrado que los instintos están profundamente arraigados en lo que la comunidad científica considera a menudo como conductas aprendidas. Estos comportamientos se vuelven parte del código de ADN y la información queda disponible para la descendencia. Es por eso que incluso una araña recién nacida puede tejer una telaraña casi perfecta sin haber visto una telaraña antes o sin haber sido enseñada a tejer. De la misma manera, es por eso que los seres humanos tienen instintos tan fuertes.

Pero, ¿cómo se relacionan nuestros instintos con nuestras emociones?

La razón es que nuestros instintos son un factor subconsciente. Al centrarse en sus instintos, nuestros antepasados entrenaron la parte subconsciente de la mente más que la parte consciente. Debido a esto, nuestras emociones han tenido más tiempo para experimentar, madurar y entrenarse, que nuestra racionalidad.

Pero hay más.

Según un informe de la BBC (Petterle, 2009), los humanos son impulsivos hasta la edad de tres años. Ser impulsivo significa que no usamos nuestro pensamiento racional. Simplemente trabajamos en las emociones que nos guían en ese momento. Comenzamos a ganar el poder del razonamiento cuando alcanzamos la edad de cinco años.

Esto significa que no importa lo que hagas, tu lado emocional es siempre el más experimentado. Podrías ser un sabio que comenzó a entrenar la mente racional desde que eras joven. Podrías ser el próximo Stephen Hawking o Nicola Tesla. ¡Pero eso todavía no se compara con tu lado emocional, que ha estado contigo toda tu vida!

Cuando unes esto con el hecho de que nuestro lado emocional tiene miles de años de experiencia (desde la época de nuestros antepasados), estás viendo una fuerza poderosa.

¿Cuán poderoso es el subconsciente emocional?

No importa cuánta información use tu mente racional, tu subconsciente emocional no se pierde de nada. Nuestros cerebros son capaces de absorber casi 34 gigabytes de información a diario (Balbusso, Waterman & Lee, sin fecha). Y eso es solo durante nuestro tiempo libre. Si agregas la información que recopilas cuando te dedicas al trabajo, ¡aceptamos más de 34 gigabytes de información! Sin embargo, visualmente, solo procesamos el 10 por ciento de la información que vemos. ¿Pero quién hace el procesamiento? Si tuvieras que organizar de manera racional y lógica cada parte de la información que recibes, entonces tendrías que pasar mucho tiempo en ello. Además, te perderás información nueva. Es por eso que nuestro subconsciente emocional hace el trabajo por nosotros. Cada minuto de cada día, nuestro subconsciente almacena información que puede no ser vital en ese momento, pero es una guía útil en la forma en que vivimos nuestras vidas.

Cuando usamos nuestra mente subconsciente, estamos utilizando una herramienta poderosa. De hecho, tu mente subconsciente es en lo que se basan los instintos. Tus instintos no son percepciones extrasensoriales, un sexto sentido o cualquier otra cosa que pueda considerarse mística, pseudocientífica o mítica. Son simplemente la información recopilada en nuestra mente subconsciente, disponible para nuestro uso.

Cada vez que tienes ese "presentimiento", no es una intervención divina. Es simplemente tu subconsciente buscando patrones en tu entorno y situaciones. Usando estos patrones, tratas de construir una estructura coherente, que eventualmente desencadena tus recuerdos, o si debes luchar o huir. Además, te refieres a ellos como instintos de lucha o huida, no de pensamiento racional de lucha o huida, lo que muestra cuán influyente es realmente nuestro subconsciente emocional.

¿Cuándo nos volvemos Emocionales?

En gran parte, nuestras emociones nos ayudan.

Sabiendo que tienen una gran influencia sobre nuestras vidas, es una locura pensar en ellas como un villano en una película de James Bond. Más bien, se podría decir que son como el propio James Bond, descubriendo varias situaciones y dándonos sugerencias para lidiar con ellas. Nuestras emociones también nos ayudan a sentir alegría y otras emociones positivas que nos acompañan durante el día.

Pero hay momentos en que nuestras emociones se vuelven locas. Cuando lo hacen, a menudo causan estragos que pueden ocurrir de una de estas tres maneras:

• Experimentamos la emoción correcta para la situación, pero el nivel de intensidad de la emoción es demasiado alto. Por ejemplo, teníamos razón al preocuparnos por una situación particular, pero no había necesidad de entrar en modo de pánico. O puedes haber experimentado una situación en la que estabas estresado por algo, solo para darte cuenta al final, que no había necesidad de tener tanto estrés.

• Experimentamos la emoción correcta, pero la mostramos de una manera que no justifica la situación. Por ejemplo, estamos enojados por algo, pero en lugar de hablar de eso, hacemos un completo silencioso, lo que no hace más que exacerbar la situación.

• Y finalmente, llegamos a la reacción emocional más compleja de todas. Cuando esto sucede, no tenemos la reacción correcta en el momento adecuado; estamos experimentando una emoción completamente "incorrecta". Por ejemplo, después de un incidente en particular, nos damos cuenta de que la intensidad del miedo que sentimos no era el problema, sino el hecho de que sentimos miedo. ¿Por qué teníamos miedo? ¿Qué nos obligó a sentir miedo en ese momento en particular cuando no era necesario?

¿Por qué aparecerían tales emociones no deseadas en primer lugar? ¿Podemos eliminar por completo una causa emocional para no tener que enojarnos innecesariamente? ¿O podemos modificar la programación de nuestras emociones para que, en lugar de sentir una emoción negativa, podamos reemplazarla con algo positivo? Por ejemplo, digamos que estamos caminando afuera y alguien se topa con nosotros. En lugar de sentirnos enojados por eso, ¿podemos conectar nuestro cerebro para crear sentimientos de diversión o desinterés?

Todas estas son preguntas importantes, pero no tienen una respuesta simple. Esto se debe principalmente a que todos reaccionamos de manera diferente a ciertos escenarios. Algunas personas tienen miedo a las alturas, mientras que otras son temerarias y eligen deportes extremos que los ven caer de un acantilado o saltar de un avión sin miedo. Algunas personas lloraron la muerte de Freddie Mercury como si fuera su pariente lejano, mientras que otras estaban tocando "Another One Bites the Dust" por primera vez en YouTube después de enterarse de su muerte. Al mismo tiempo, ciertos desencadenantes emocionales crean la misma respuesta en la mayoría de las personas. Si alguien se encontrara en una colisión cercana con otro vehículo, el miedo sería una de las principales emociones que sentiría.

¿No es eso algo curioso? Todos tenemos nuestras propias firmas emocionales únicas, pero al mismo tiempo compartimos ciertos rasgos emocionales con los demás. La muerte de un ser querido nos entristece, pero detectar un bicho en nuestra habitación no hace que todos sintamos asco. Ciertos desencadenantes emocionales son incluso específicos de las culturas. De hecho, según un estudio reciente realizado en la Universidad de Londres, ciertas situaciones desencadenan diferentes emociones basadas en la cultura de la que provienen las personas (Nauert, 2019).

Entonces, ¿cuándo nos volvemos emocionales?

Una de las formas más comunes en que surgen las emociones, es cuando percibimos, positiva o negativamente, que algo va a afectar nuestra situación y bienestar, ya sea que algo tenga buenos o malos resultados.

Una manera simple de entender la declaración anterior es a través del siguiente ejemplo. Digamos que tienes una entrevista de trabajo por venir. Estás tan seguro que, si alguien te desafiara a hacer paracaidismo, probablemente dirías: "No, demasiado fácil. ¡Tírenme a mí y a la bolsa de paracaídas por separado! Debido a tu confianza, te sientes eufórico por la entrevista. Una vez que terminas la entrevista, te das cuenta de que la has superado. Pero unos días después, recibe la devastadora noticia de que desafortunadamente no has recibido la oferta de trabajo.

En el ejemplo anterior, la entrevista es un factor que afectaría tu bienestar. Lo percibiste positivamente debido a tu confianza. Sin embargo, la situación en sí misma tuvo malos resultados, ya que al final no obtuviste el trabajo (¡no te preocupes, estás destinado a cosas mejores!).

Por supuesto, las emociones no suelen ser tan simples. Una buena manera de comprender su complejidad es observar cómo los animales (incluidos nosotros los humanos) reaccionan ante diversas situaciones. La agresión y la ira surgen cuando somos desafiados. El miedo es una respuesta útil que nos advierte de las amenazas en nuestro entorno. El asco es la forma en que nuestro cerebro nos hace saber que algo, como la comida podrida, no es bueno para nosotros. Es por eso que vamos a ver estas emociones en detalle. Pero por ahora, la explicación anterior de cómo se crean las emociones le dará una breve idea del proceso.

Cambiar lo que nos provoca Emociones

Recordemos cuando hablamos sobre el subconsciente, especialmente la parte en la que, a pesar del hecho de que solo recibimos un pequeño porcentaje de la información que nos llega, nuestro subconsciente está constantemente asimilando toda la otra información a la que no prestamos atención. Este es un efecto interesante. Nuestro subconsciente es más consciente de la realidad que nos rodea que nuestra mente consciente. Cuando esto sucede, nuestra mente subconsciente responde a un fenómeno llamado respuesta "autovalorativa". Esencialmente, lo que hace tu subconsciente es evaluar tu entorno y lo hace automáticamente. Esto a su vez permite que el subconsciente envíe la emoción requerida durante una experiencia específica.

Tratemos de entender esto con un ejemplo.

Estás en un estrecho puente de madera que conecta un acantilado con otro. Sabes que debajo de ti, no hay terreno por al menos 40 pies. Es un escenario bastante aterrador. Por supuesto, el letrero cerca del puente dice que fue creado específicamente para el público y está hecho para ser fuerte y duradero. Pero a pesar de eso, existe ese sentimiento innato de miedo. Aunque hayas racionalizado el hecho de que no vas a caer, hay una parte de ti que está preocupada de que algo suceda.

Otro ejemplo para resaltar este punto es el miedo a volar. Según las estadísticas creadas por 1001crash.com, hubo 4,717 muertes por accidentes relacionados con aviones entre 1998 y 2008 en todo el mundo. Eso suena mucho, ¿no? Pero aquí hay algo más en lo que pensar. Según el Instituto de Seguros para la Seguridad Vial (IIHS, 2018), 419.303 personas murieron debido a accidentes relacionados con automotores durante el mismo período. ¿Y adivina qué? Ese número fue solo en los Estados Unidos. Sin embargo, a pesar de todo eso, las personas no toman precauciones al cruzar la calle. Por otro lado, las personas tienen este miedo innato a volar. A pesar de que se les presentan todos los hechos y han reservado la mejor aerolínea del mundo, no pueden deshacerse de la molesta sensación de que algo va a salir mal.

¿Por qué ocurren las emociones de maneras tan desconocidas? ¿Por qué tienen el poder de anular nuestro pensamiento racional y, en algunos casos, obligarnos a ver el mundo de una manera que se ajuste a la forma en que nos sentimos y no a la forma en que pensamos?

Además de la influencia que tiene nuestro subconsciente emocional, hay otro factor que entra en juego llamado *estado refractario*. Durante este estado, nuestra mente no acepta ninguna información que no se ajuste, justifique o respalde la emoción o las emociones que atraviesan nuestra mente. Es como tener una visión de túnel donde solo se ve una pequeña parte del panorama general. En este caso, tu mente enfoca su atención en la situación que enfrenta. Por lo general, el estado refractario dura unos segundos y, a pesar de sus características, en realidad es muy útil. Obliga a nuestra mente a ser más conscientes sobre el problema en cuestión. Esto nos permite unir todas nuestras capacidades de pensamiento para resolver la situación.

Las cosas se complican cuando el estado refractario dura más.

Intentemos explicar esto con una situación.

John se despierta por la mañana, se dirige a la cocina y le dice a su esposa Emma que no podrá recoger a su hijo de la práctica de fútbol debido a una reunión urgente en el trabajo. Él se disculpa con ella también. En este punto, el subconsciente emocional de Emma, utilizando autoevaluadores, evaluó la situación e inmediatamente concluyó que las acciones de John interferirían con su día. Sin pensar, su mente entró en un estado refractario, se centró en la respuesta de John y estuvo de acuerdo con su conclusión. Ella responde con un rastro de ira en su voz, "¿En serio? ¿Ahora es el momento que eliges decirme?

John, por otro lado, reacciona a la ira de Emma y la desafía diciendo: "¿Por qué te enojas? Recibí la noticia de mi jefe hace un momento. En este punto, Emma sabe que John no está siendo desconsiderado. Genuinamente siente pena por sus acciones, pero realmente él no tiene otra opción. Si Emma todavía está en su etapa refractaria, la situación no mejorará. Ella continuará luchando con sus emociones. Sin embargo, ella podría salir de su estado refractario y luego pensar en la situación con la mente más clara.

A muchas personas les encantaría tener control sobre sus emociones. Pero, como habrás notado, hay varios pasos involucrados en el proceso de sentir emociones, por eso nos enfocaremos en tratar de obtener un cierto grado de control sobre ellas para que podamos cambiar cómo sentimos las mismas.

Pero primero, veamos algunas emociones poderosas que son parte de nuestras vidas.

Capítulo 3: Las Emociones Negativas

Cada emoción tiene la capacidad de beneficiarnos. La ira nos ayuda a evitar una amenaza y a dar ese empujón de adrenalina cuando lo necesitamos. El miedo aumenta nuestra conciencia sobre el medio ambiente, permitiéndonos analizar nuestra situación cuidadosamente.

En muchos sentidos, no es fácil clasificar las emociones como positivas o negativas. Todas las emociones nos sirven, pero también podrían obstaculizarnos. Lo que vamos a analizar son los aspectos negativos de las emociones, especialmente las emociones que pueden causarnos bastante (o mucha) angustia o que son difíciles de manejar.

Comprender el dolor y la agonía

Aflicción

Para comprender completamente la aflicción, es mejor comenzar con una emoción menos intensa, pero similar, la tristeza.

Los psicólogos consideran la tristeza como una emoción básica de la vida humana. Es una reacción emocional hacia la pérdida, el rechazo que uno siente de un compañero o amigo, la pérdida de autoestima que surge cuando alguien nos ataca o fallamos en algo, una disminución de nuestra salud o incluso la pérdida de un objeto por el que sentimos apego. Se puede decir que la tristeza es una reacción al dolor emocional o la angustia. Uno podría describir la tristeza usando muchos términos: depresión, desánimo, angustia, tristeza y miseria, por nombrar algunos. Pero todos significan esencialmente lo mismo con diferentes grados de intensidad.

La aflicción, por otro lado, es una forma abrumadora de tristeza y generalmente responde a situaciones extremas como la pérdida de un ser querido o la noticia de una enfermedad terminal. Cuando las personas sienten aflicción, pueden desprenderse de su vida normal y, en muchos casos, no pueden realizar incluso las actividades más simples.

Los expertos y los psicólogos a menudo aconsejan a las personas que sufren de aflicción, que el proceso no se puede controlar y que deben prepararse para las cinco etapas de la aflicción. ¿Cuáles son las cinco etapas de la aflicción?

Negación

En esta etapa, la gente puede no percibir bien la pérdida. Típicamente podrían reaccionar con incredulidad y aturdimiento. En algún nivel de sus mentes, podrían tratar de negar la existencia de la pérdida, ya sea pensando o esperando que la realidad a la que se enfrentan sea una mentira. La etapa de negación también incluye emociones de miedo, shock, confusión y evasión.

Ira

Una vez que eliminas la "realidad asumida" que te habías propuesto y luego regresas a la "realidad", la emoción de la ira comienza a instalarse en tu mente. Esta suele ser una etapa de defensa en la que la gente comienza a preguntarse por qué les sucedió tal situación. Incluso pueden decidir redirigir la ira hacia las personas cercanas a ellos - amigos y familiares. La gente de fe puede empezar a cuestionar a Dios o a la deidad en la que creen sobre la realidad de la situación. La etapa de ira también incluye las emociones de irritación, frustración y ansiedad.

Negociación

Esta etapa se presenta en dos formas distintas:

● En una de ellas, la gente intentará negociar con una entidad o fuerza inexistente para cambiar el resultado de la situación. Por ejemplo, si a un ser querido se le diagnostica un cáncer terminal, entonces la persona que sufre el dolor, puede pedirle ayuda a Dios. A cambio, podría comprometerse con una acción o cambiar sus hábitos en la vida.

● La otra forma de negociación, se da a través de la forma de declaraciones "si tan sólo". Si tan sólo pudieran estar ahí. Si tan sólo hubieran recibido las medicinas antes. Si tan sólo hubieran intentado ser una mejor persona.

Ambas formas de reacción son simplemente una forma de negociar con una fuerza externa para retrasar el dolor o la pérdida. Son incapaces de aceptar la realidad y como resultado, forman una débil línea de defensa contra una realidad dolorosa.

Depresión

Hay dos formas de depresión que ocurren durante el duelo:

• Una forma de depresión, se produce por las reacciones a las implicaciones prácticas del duelo. La gente comienza a preguntarse, sobre todo, el tiempo que podrían haber pasado con la persona que aman. Pueden preguntarse sobre las reacciones de otros miembros de la familia, o incluso pueden pensar en asuntos triviales como los costos del funeral.

• La otra forma de depresión es una más privada. La gente simplemente quiere que la dejen en paz para afrontar la situación por sí misma. Es una forma de aceptar la realidad a la que se enfrentan.

Es importante saber que la tristeza y la depresión son condiciones completamente diferentes. Como hemos visto antes, la tristeza es una emoción humana normal. Es una respuesta a la pérdida o incluso a situaciones estresantes. Por otro lado, la depresión es una condición que es a largo plazo y generalmente incluye una abrumadora sensación de tristeza, sentimientos de desesperanza, falta de motivación para tomar cualquier acción, y pérdida de interés en actividades que alguna vez fueron placenteras.

A diferencia de la tristeza, la depresión puede durar mucho tiempo. Si se la ignora, las personas que la padecen son capaces de causarse daño a sí mismas.

NOTA: Ya sea que estés sufriendo de depresión debido a la pena o porque es una condición predispuesta, no sufras en silencio. Recuerda, no hay que avergonzarse de buscar ayuda. Tú eres un miembro valioso de la comunidad y mereces vivir felizmente.

Aceptación

Esta etapa de dolor es un regalo que tristemente no todos experimentan. La tragedia a la que se enfrenta la gente puede ser repentina o puede tomar su tiempo. Se necesita mucho coraje para que alguien acepte lo que le ha ocurrido. No se debe malinterpretar la etapa de aceptación como una forma de que la gente acepte que está bien que la tragedia haya ocurrido en sus vidas. Más bien, es una forma de consolarse a sí mismos de que, aunque la tragedia haya ocurrido, van a estar bien. Esta es la etapa en la que los que sufren el dolor están listos para hacer las paces con la pérdida de sus vidas.

Agonía

En muchos casos, la agonía y la aflicción están casi relacionadas. Pero hay pequeñas diferencias entre ambas, especialmente en el caso de la agonía mental o emocional.

En términos generales, la agonía es un estado de sufrimiento severo y a menudo prolongado. Puede ser físico, mental o emocional. Pero cuando se trata de agonía emocional o mental, entonces se refiere a un período de inmenso dolor psicológico que puede durar un corto o largo plazo.

Sin embargo, hay quienes usan los términos aflicción emocional y agonía emocional indistintamente. En realidad, los dos términos anteriores tienen significados distintos.

La aflicción emocional es parte de la vida. Podríamos encontrar nuestros fines de semana interrumpidos porque podríamos tener que ir a la oficina para una tarea urgente. Nos damos cuenta de que no podemos permitirnos comer en nuestro restaurante favorito porque estamos sin blanca. Acabamos de ver Vengadores: Guerra Infinita (alerta spoilers) y nos dimos cuenta de que Iron Man está realmente muerto en las películas. Todas estas situaciones causan una sensación de dolor agudo que pasa rápidamente y en la mayoría de los casos, puede pasar fácilmente. Sólo termina la tarea que el cliente te ha dado rápidamente para que puedas volver a tu maratón de Juego de Tronos. Pide una pizza en lugar de esa comida tan cara. Es hora de apoyar a Spiderman en su lugar. Cuando experimentas dolor emocional, experimentas tristeza, ira o cualquier otra emoción negativa que tiene solución. Puedes remediar el dolor emocional encontrando una manera de resolver el problema que lo causó en primer lugar.

Por otro lado, la agonía emocional es más severa, persistente y no tiene una solución fácil. Se trata de un intenso malestar emocional que sólo puede remediarse mediante acciones repetidas o tratamientos que se llevan a cabo durante un largo período de tiempo (por ejemplo, la terapia).

El castigo de la Ira

Al igual que la tristeza, la ira es otra emoción básica de la experiencia humana. Según la Asociación Psicológica Americana, la ira es un tipo de emoción antagónica que se muestra hacia algo o alguien que ha causado daño a otro o le ha hecho mal.

Pero es una forma simple de ver las cosas.

Típicamente, la ira es una respuesta al dolor emocional (recuerda: no a la agonía). Ocurre cuando sentimos que nos han opuesto, agraviado, lesionado o cuando ciertos obstáculos parecen impedirnos alcanzar un determinado objetivo.

La intensidad de la ira difiere de una persona a otra y de la situación misma. La ira que uno siente cuando está atascado en el tráfico y llega tarde a una reunión decisiva de un millón de dólares, es diferente de la que siente un jugador de videojuegos que se encuentra frustrado en un determinado escenario de un videojuego.

Además, la ira también difiere en la rapidez con la que la gente la siente. Esto se conoce como el umbral de la ira y establece cuán cómodas se sienten las personas con sentimientos de ira. Puede que conozcas a personas que son capaces de enfadarse fácilmente mientras que hay otras que tienen un alto nivel de paciencia.

La ira puede ser una emoción constructiva o destructiva. Cuando somos capaces de manejar bien nuestra ira, no sufrimos efectos personales o de salud perjudiciales. En su nivel más básico, la ira es simplemente una señal que recibes cuando tu subconsciente emocional entiende que algo está mal en la situación o el entorno en el que te encuentras. Esto, a su vez, te ayuda a centrarte en el problema y a encontrar un remedio para resolverlo. Sin embargo, la forma en que manejas la ira es la diferencia entre usarla para una razón productiva y usarla para causar destrucción.

Cuando la ira se convierte en una fuerza negativa, las personas a menudo sienten que tienen que atacar cuando están bajo la influencia de la ira. Se convierte en una cuestión de destruir algo antes de que eso pueda destruirlos a ellos.

Una de las cosas características de la ira es que la gente a menudo trata de suprimirla. Incluso aquellos que se sienten cómodos con la expresión de la ira encuentran que a menudo tienen miedo de mostrar la emoción ya que temen destruir algo valioso o herir a alguien.

También es importante saber que aquellos que conocen su ira y encuentran formas de expresarla tienen menos probabilidades de causar demasiada destrucción a su alrededor que aquellos que no pueden expresar su ira adecuadamente.

Sorpresa y Miedo

Sorpresa

Sientes la emoción de sorpresa cuando ocurre algo inesperado o repentino en tu entorno. El acto de sorpresa también puede denominarse maravilla, asombro o estupor.

Cuando piensas en el significado anterior de sorpresa, no suena tan mal. Probablemente estés pensando en fiestas de cumpleaños, regalos o encuentros aleatorios con tus amigos que causen sorpresas agradables.

Efectivamente, hay sorpresas positivas. Si regresas a casa y descubres que tu cónyuge, pareja o familiar te ha preparado una cena especial, entonces seguramente experimentarás una sorpresa positiva. Pero, por otro lado, cuando recibes malas noticias sobre un ser querido o un incidente reciente, es probable que experimentes una sorpresa negativa. Pero, ¿qué hace que la sorpresa sea positiva o negativa?

Un hecho importante a considerar es que la sorpresa es una de las emociones más breves que experimentan los seres humanos. Esto se debe a que una vez que termina el sentimiento de sorpresa, tu mente pasa inmediatamente al siguiente sentimiento dependiendo de la situación. Podrías terminar sintiendo ira, asco, miedo, alegría o incluso emoción. Muchos estudiosos opinan que la sorpresa no puede considerarse una emoción porque no es negativa ni positiva.

Pero espera un minuto, si ese es el caso, ¿cuáles fueron los ejemplos de sorpresas positivas y negativas hace solo dos párrafos?

Bueno, a pesar de que la sorpresa no toma partido, aún produce emociones positivas o negativas. Como habíamos visto anteriormente, cuando experimentas una agradable sorpresa, tienes un torrente de emociones positivas en tu cerebro. Si experimentas una sorpresa negativa, te sentirás terrible. Además, la sorpresa es algo que sientes. No es una reacción arbitraria que esté completamente separada de tu mente. Tampoco es una entidad extraña que simplemente aparece en tu mente.

Miedo

El miedo es considerado como una de las emociones más primarias. Entra en nuestra mente cuando nuestro subconsciente emocional percibe una amenaza o peligro. Nuestros antepasados entendieron el miedo íntimamente porque es lo que los mantuvo vivos y conscientes. Al examinar el miedo, se puede dividir en dos formas, bioquímica y emocional.

Miedo Bioquímico

Cuando se trata de reacciones bioquímicas, el miedo es una emoción natural que también sirve como un impulso de supervivencia. Cuando nuestras mentes perciben una amenaza en nuestro entorno, nuestro cuerpo experimenta algunos cambios. Estos cambios físicos incluyen aumento de la respiración y la frecuencia cardíaca, sudoración, un aumento de la adrenalina y cambios en la temperatura corporal. Todos estos cambios físicos ocurren para sacudirnos y llevarnos a un estado elevado de conciencia. Este cambio físico es lo que comúnmente se denomina respuesta de "lucha o huida".

Miedo Emocional

Este miedo es personal. Esto significa que las personas pueden tener diferentes formas de miedo personal. Donde el miedo bioquímico es común entre todos, el miedo emocional puede no ser compartido por todos. Por supuesto, hay formas positivas de miedo emocional. Cuando ves una película de terror, recibes una cierta emoción que te puede gustar. Hay adictos a la adrenalina que viven para actividades extremas y emociones causadas por dominar el miedo.

Pero, ¿cómo se puedes identificar si sientes miedo positivo o negativo? Aquí es cómo:

- Cuando empiezas a sentirte preocupado o ansioso, esos son signos de que sientes miedo negativo. La preocupación generalmente nunca conduce a ningún resultado positivo. Simplemente hace que pierdas tu energía y tu tiempo. Cuando se combina con el miedo, hace que pierdas el tiempo comprometido en un estado de miedo.

• ¿El miedo te impide tomar riesgos? Si es así, entonces sientes miedo negativo. Sin embargo, hay una diferencia entre detenerte de participar en una actividad extrema y evitar hacer algo importante en tu vida. En la primera situación, temes por tu seguridad y bienestar, lo cual es completamente racional. Sin embargo, cuando dejas de hacer cosas que podrían beneficiarte por el miedo que sientes, entonces estás en un estado de miedo negativo.

• Si tu miedo to abruma hasta el punto de que no puedes tomar ninguna medida para defenderte, entonces estás en un estado de miedo negativo.

• El miedo que destruye tu sistema de creencias, tu identidad o el pensamiento racional no está en el dominio positivo. Literalmente te está afectando desde adentro.

El daño de la Apatía

La apatía es una emoción difícil de precisar. Si no la has sentido, las simples palabras solo pueden darte una breve comprensión de lo que es. Realmente tienes que experimentarlo para obtener una perspectiva más profunda.

Irónicamente, lo que diferencia a la apatía de las otras emociones es el hecho de que la apatía es un sentimiento de no sentir nada.

Lo que hace que la apatía sea preocupante es que no es solo un sentimiento (o falta de él), sino también un comportamiento. Cuando las personas experimentan apatía, también se vuelven indiferentes, distantes, insensibles y desapasionados. Durante el estado de apatía, las personas se vuelven apáticas hasta el punto en que no tienen la energía para tomar ninguna medida. Puedes notar si una persona es apática por el grado de pasividad que exhibe. Simplemente dejan de preocuparse por tomar medidas en sus vidas, incluso si se trata de otras personas. Ningún objetivo, idea o persona se vuelve valioso para ellos y no se preocupan por la mayoría de los asuntos en sus vidas. Pero, ¿qué causa exactamente la apatía? Aquí hay algunas razones:

• Cuando las personas tienen pensamientos negativos sobre sí mismas, comienzan a experimentar baja autoestima, decepción en sí mismas e incluso se sienten desmoralizadas y pesimistas. Empiezan a pensar que no les queda esperanza y que el fracaso es la única constante en sus vidas.

• Las tragedias o el dolor recientes también pueden causar apatía. Esto se debe a que cuando vinculamos muchas de nuestras emociones positivas a las personas, la pérdida o la partida de esa persona de nuestras vidas puede hacer que nos volvamos retraídos y distantes.

• Las personas anhelan desafíos, propósito o entusiasmo. Cuando ninguno de los tres factores está disponible para ellos, se aburren. Un estado constante de aburrimiento hace que las personas se vuelvan apáticas sobre sus vidas, donde comienzan a creer que no hay nada que puedan esperar.

Reconoce el Asco y el Desprecio

Asco

Si das vuelta la cabeza al ver a una cucaracha revolviéndose por tu cocina, o apartas la mirada de la comida vieja en el refrigerador, que ha atraído la atención de los gusanos, o te estrujas la nariz cuando alguien cerca de ti huele como si la última vez que se duchó hubiera sido en los años 50, entonces estás experimentando asco.

El acto de asco no es sólo una reacción física. Es una respuesta emocional que también es una potente señal de advertencia. La repugnancia nos ayuda a identificar que algo en el ambiente no es adecuado para nosotros y nos impide interactuar con él. Típicamente, se experimenta asco a través del gusto, el tacto, el olfato, la vista, el sonido o incluso los pensamientos. El disgusto a menudo también puede causar ciertas reacciones fisiológicas. A menudo, el asco va seguido de náuseas o de la sensación de que algo va mal en las evacuaciones intestinales.

Pero aquí es cuando el asco se convierte en un problema. Cuando es un mecanismo de defensa, el asco puede ser útil. Sin embargo, con el tiempo, este mecanismo de defensa se convierte en una reacción que empezamos a mostrar frente a otras personas. El disgusto también puede mostrarse por las acciones y apariencias de las personas y cuando eso sucede, causa más daño que bien.

Puedes sentir repugnancia por una construcción o idea social. Cuando la desigualdad parece prevalecer en la sociedad, puedes reaccionar a ella mostrando disgusto. En tales casos, te opones a una situación injusta en la sociedad. Sin embargo, cuando muestras repugnancia hacia un individuo por el color de su piel, su origen étnico, su lenguaje, su género, su orientación sexual, o cualquier otro criterio, entonces estás usando la emoción por una razón negativa. Estás mostrando prejuicios y al mostrar repugnancia, estás haciendo saber a los demás lo repulsivo que es para ti cierta persona o idea.

De esta manera, uno puede convertir una emoción destinada a advertirte en una herramienta de odio y prejuicio.

Desprecio

El desprecio es otra emoción básica que sienten los humanos. La gente lo experimenta regularmente, pero no muchos hablan de ello, sobre todo porque nadie admitiría abiertamente que tiene sentimientos de desprecio.

El desprecio se refiere a los sentimientos de desdén u odio que la gente posee cuando mira a los demás. Hay tres características que destacan la emoción del desprecio:

• Cuando las personas piensan que son mejores que los demás, llegando a la conclusión de que su tiempo, opiniones, felicidad y otros factores son más valiosos que los de los demás.

• Cuando la gente no cumple con los estándares de comportamiento que son establecidos por la sociedad, la moral, la religión u otros factores.

• Cuando la gente quiere distanciarse de alguien más. A menudo usan el dolor, la humillación, o usan otras tácticas agresivas para conseguir lo que quieren.

Independientemente de cómo lo exprese la gente o cuáles sean sus motivaciones, el desprecio es una de las emociones más peligrosas, por el hecho de que puede crear efectos duraderos. Esto se debe a que, a diferencia de la ira o la pena que pueden desvanecerse con el tiempo, el desprecio hacia los demás puede permanecer durante un largo período de tiempo. Se hace difícil para una persona despectiva dejar ir sus sentimientos. En muchos escenarios, el desprecio se arraiga tan profundamente en la mente de las personas que se niegan a creer en las pruebas en contrario. Usan el sesgo de confirmación para apoyar fuertemente sus creencias.

¿Cuánto Orgullo es demasiado Orgullo?

¿Alguna vez has logrado algo, por pequeño o grande que sea, y has sentido tu pecho hincharse con sentimientos de auto-alabanza? ¿Alguna vez has sido tan feliz con las habilidades que has logrado que te ves a tí mismo bajo una nueva luz? ¿Has hecho algo que te haga querer respetarte más a ti mismo y en algunos casos, querer que otros te respeten también por ello?

Lo que estás experimentando son sentimientos de orgullo.

- Estoy muy orgulloso del jardín de mi patio trasero.

- ¡Estoy tan orgullosa de ti por lo que has hecho!

- Mi hijo o hija es mi orgullo.

Las declaraciones anteriores son sólo algunas de las formas en las que puedes expresar tu orgullo. Incluso la propiedad de algo puede inculcarte un sentido de orgullo.

¿Pero cuándo el orgullo se convierte en algo capaz de causar daño? ¿Cuándo se convierte el orgullo en una emoción negativa?

Entendamos este hecho: todos somos imperfectos. Todos tenemos defectos dentro de nosotros. Pero eso es lo que es ser humano. Vivimos con nuestros defectos y hacemos todo lo posible para que no interrumpan nuestra vida cotidiana o afecten la vida de los demás.

Pero cuando la gente no acepta sus defectos y en su lugar intenta inflar su propio ego, entonces crea una versión de orgullo que es típicamente mal vista en la sociedad: la arrogancia.

Mucha gente trata de sobrecompensar sus inseguridades y fracasos exudando un falso sentido de autoconfianza. Lo hacen para acercar su personalidad, comportamiento o imagen a la "perfección" tanto como sea posible. Este inflado sentido del orgullo impide que la gente se conforme con sí misma. A menudo, cualquier comentario, acción o reacción que se percibe como un ataque a la imagen de la gente con arrogancia, aunque no sea así, se encuentra con una fuerte oposición.

Psicológicamente, la arrogancia es impulsada por un sentido de vergüenza o de poca autoestima. La gente es incapaz de evaluarse a sí misma de una mejor manera. Se proyectan a sí mismos en una medida tan negativa que sólo a través de sentimientos de superioridad pueden añadir alguna retroalimentación positiva. En lugar de reconocer sus defectos y tratar de hacer algo al respecto, comienzan simplemente a encubrirlos.

La psicología puede distinguir claramente entre el orgullo auténtico y el orgullo arrogante. En el primer tipo de orgullo, las personas se sienten bien consigo mismas, ganan confianza, se vuelven productivas y tienen estabilidad emocional. En el segundo, las personas suelen mostrar un alto estado de ego que suele ser frágil, agresivo, extremadamente desagradable, incapaces de aceptar que alguien más esté bajo el foco de atención, y sentimientos de baja autoestima.

Capítulo 4: La Mente, la Ansiedad y el Estrés

Al igual que las emociones, el estrés y la ansiedad son elementos importantes en nuestras vidas. Cuando las personas se enfrentan a múltiples demandas o tareas, uno de los beneficios del estrés es que puede ayudarles a encontrar rápidamente una solución para hacer las cosas más fáciles. La ansiedad es un sentimiento de inquietud, preocupación o miedo que puede ser una reacción al estrés o a una emoción que surge cuando las personas son incapaces de identificar la fuente del estrés.

A corto plazo, el estrés y la ansiedad pueden ayudar a superar desafíos e incluso situaciones peligrosas. Pero, ¿cuándo pueden llegar a ser perjudiciales? ¿Cuándo pueden el estrés y la ansiedad pasar de ser el apacible Bruce Banner (y su mente que resuelve problemas) al Increíble Hulk, capaz de causar estragos en nuestras vidas?

¿Que causa la Ansiedad?

La ansiedad es un sentimiento que tenemos cuando estamos tensos, preocupados o temerosos de lo desconocido, por las cosas que están a punto de suceder en el presente, o por los eventos futuros. La sensación es completamente normal e incluso nos ayuda a entender la gravedad de una situación. Sin embargo, al igual que ciertas emociones tienen su lado negativo, la ansiedad también puede causar problemas si:

• Te has estado sintiendo ansioso durante mucho tiempo y tu ansiedad no parece disminuir.

• Tus miedos y preocupaciones son desproporcionados en comparación con la situación.

• Constantemente evitas situaciones que son importantes para una vida sana y feliz porque temes ponerte ansioso.

• Tus miedos y preocupaciones, una vez formados, son difíciles de controlar y manejar. Comienzan a tomar vida propia, añadiendo información, ideas o pensamientos innecesarios en tu mente.

• Tus sentimientos de ansiedad pueden a veces incluso llevarte a ataques de pánico.

• Te resulta difícil llevar una vida productiva o hacer cosas que antes disfrutabas.

Es difícil explicar exactamente cómo se siente estar constantemente ansioso. Pero una forma de entenderlo es a través de este escenario. Imagina que estás meciéndote en tu silla. Inclinas la silla hacia atrás, balanceándola sobre sus patas traseras. Sólo por un momento, la silla se empuja ligeramente o se inclina en un ángulo difícil. Hay esa sensación de pánico de un segundo cuando sientes que estás a punto de caer. Cuando la gente sufre de ansiedad, esa sensación de fracción de segundo se extiende a lo largo de un período de días, semanas e incluso meses. Los paraliza emocionalmente, mentalmente y a veces incluso físicamente, ya que la gente a menudo se encuentra arraigada a un lugar, incapaz de hacer nada.

Entonces, ¿qué causa la ansiedad?

Factores Medioambientales

Numerosos elementos del entorno son capaces de inducir ansiedad en alguien. Puede ser debido al estrés del trabajo, problemas con la familia, tu situación financiera o conflictos de cualquier tipo. Pero cuando hablamos del medio ambiente, también debemos incluir factores como la contaminación, las condiciones de vida y el acceso a instalaciones básicas como causas de la ansiedad. Incluso los bajos niveles de oxígeno a grandes altitudes pueden causar ansiedad en algunas personas.

Genética

En muchos casos, las personas que padecen trastornos de ansiedad pueden transmitirla a sus hijos o nietos. Nunca se sabe con certeza qué miembro de la familia se ve afectado por la ansiedad o incluso si alguien lo hará, pero existe la posibilidad de que esto ocurra.

Factores Médicos

Ciertas condiciones médicas y tratamientos también pueden causar ansiedad. Los efectos secundarios de los medicamentos, el estrés causado por el tratamiento de los problemas de salud o los síntomas de una enfermedad pueden desencadenar la ansiedad directa o indirectamente. Cuando las condiciones médicas causan ansiedad indirectamente, generalmente se debe a lesiones físicas o a un cambio en el estilo de vida o en los hábitos.

Química Cerebral

Las experiencias traumáticas e incluso la genética pueden causar un cambio en la estructura del cerebro de las personas. Debido a esto, algunas personas terminan sintiendo la ansiedad más intensamente que otros, incluso para situaciones que no requieren altos niveles de ansiedad.

Factores de Abstinencia

Cuando las personas son adictas a las drogas o a otras sustancias ilícitas, pueden ser víctimas de altos niveles de ansiedad una vez que dejan de consumir esas sustancias. Esto ocurre porque el cuerpo está pasando por una etapa de abstinencia. Se está aclimatando a la normalidad mientras combate el encanto de la adicción.

La Ansiedad y la Vida Cotidiana

Con su ansiedad impregnando casi todas las esferas de la vida, las personas con ansiedad evitan hacer cualquier cosa que consideren "normal". De hecho, podrían mirar a sus amigos, familia o extraños a su alrededor y preguntarse cómo es que todos pueden vivir una vida tan normal.

Aquí están algunas de las formas en que la ansiedad puede afectar a tu vida normal:

• En general, terminas teniendo una baja autoestima. Esto puede comenzar a manifestarse de maneras sutiles. Por ejemplo, te vuelves consciente de lo que compras en el supermercado porque te preocupa que la gente te juzgue. O puede que te vuelvas hiperconsciente de lo que llevas puesto, eligiendo colores "seguros" como el negro, el blanco y el gris.

• Podrías empezar a notar una mayor afluencia de pensamientos negativos. Podrías empezar a dudar de los motivos de la gente, eligiendo sacar conclusiones negativas en lugar de pensar racionalmente en ellas. ¿Tu amigo se negó a llamarte porque ya no quiere pasar tiempo contigo? ¿Te juzgó el camarero cuando intentó sonreír a medias? Tal vez la razón por la que tuviste que enfrentarte a tantos desafíos hoy fue que tu vida está dando un giro para peor. Puede que incluso empieces a victimizarte a ti mismo, usando cualquier pequeño incidente como indicación de un ataque a tu persona.

• La depresión es uno de los efectos más difíciles y paralizantes de la ansiedad. Debido a que terminas pensando demasiado y tienes pensamientos excesivamente negativos, tu mente se inunda con demasiada negatividad. ¿El resultado? La depresión.

• De repente te vuelves sensible a cualquier forma de crítica. Podría ser algo leve como alguien que señala que tus cordones están desatados. En lugar de agradecer a la persona y atar los cordones de tus zapatos, despides a la persona de manera grosera o respondes con una declaración que va en la línea de "métete en tus asuntos".

• Eventualmente, la ansiedad hace que tengas pocas habilidades sociales. Una vez que comienzas a notar cuán disminuidas se han vuelto tus habilidades sociales, tu depresión empeora, causando que empeores aún más tus habilidades sociales. Eventualmente, se convierte en un ciclo de retroalimentación negativa.

Cómo nos afecta el estrés

El estrés tiene efectos variados, tanto en el cuerpo como en la mente. A veces, es posible que ni siquiera te des cuenta de que el estrés está afectando a su salud porque no estás seguro de si algo como ese dolor de cabeza que has estado sintiendo todo el día se debe al estrés o porque se está enfermando de algo.

El estrés afecta en tres aspectos diferentes de nuestras vidas: el cuerpo, el estado de ánimo y el comportamiento.

Estrés en el cuerpo

Podrías empezar a sentir dolores de cabeza que podrían convertirse en verdaderas migrañas. La tensión y el dolor muscular, el dolor de pecho y la fatiga son algunos de los otros problemas con los que te puedes encontrar a diario. Sin embargo, el síntoma más común del estrés es el insomnio.

Estrés en el ánimo

Si el estrés persiste por mucho tiempo, entonces eventualmente vas a lidiar con la ansiedad. También puedes sentirte abrumado, aunque no haya razón para ello. Puedes enojarte rápidamente, permanecer en un estado constante de irritabilidad y experimentar inquietud. Podrías comenzar a perder la motivación para hacer cosas que antes disfrutabas. Si los síntomas continúan durante mucho tiempo, entonces puede desarrollar depresión.

Estrés en el comportamiento

Debido a que te enfadas rápidamente o entras en un estado de irritabilidad, puede que tengas estallidos periódicos de ira, a veces por las razones más triviales. Las personas con estrés prolongado suelen recurrir al abuso de sustancias para adormecer algunos de los sentimientos que experimentan. Es posible que te retraigas socialmente, que comas demasiado o muy poco y que evites cuidar de tu salud.

Capítulo 5: Manejo de las emociones negativas

Lidiando con el Dolor y la Agonía

Ahora que somos conscientes de la forma en que las emociones pueden convertirse en negativas, es hora de que pongamos nuestra mente en tratar de superar la negatividad de estas emociones. Para algunos, el proceso podría no ser fácil. Para otros, lidiar con la emoción puede tomar más tiempo del que habían pensado. Pero la inacción es el enemigo para una vida mejor. Por lo que, independientemente de lo difícil o largo que sea lidiar con las emociones negativas, deberíamos hacerlo de todas formas.

Duelo

Cuando se trata del duelo, numerosos mitos tratan de explicar cómo se puede tratar la emoción. Por eso, antes de aventurarnos en el proceso de lidiar con el duelo, deberíamos mirar algunos de estos mitos.

MITO	*REALIDAD*
El dolor desaparecerá más rápido si eliges ignorarlo.	*En realidad, elegir ignorar el dolor sólo lo empeorará. Cuando la emoción vuelve a derribarte en el futuro,*

| | es mucho más fuerte y normalmente te toma desprevenido. |
| Deberías apuntar a "ser fuerte". | Nunca ignores las verdaderas emociones que estás |

sintiendo.

No tienes

que ponerte

en un frente

valiente.

Estás de

duelo, y la

soledad, la

tristeza y el

miedo son

emociones

	normales de sentir.
Cuanto menos llores, menos te arrepentirás de la pérdida.	Diferentes personas tienen diferentes mecanismos de afrontar las situaciones. Sólo porque

	alguien no esté llorando no significa que no sienta el dolor.
Típicamente, el período de duelo dura	La pena no tiene agenda. Podría

alrededor de un año.	*quedarse contigo durante seis meses, un año, un año y medio, o más.*
Cuando sigues con tu vida, significa que estás	*Te mereces encontrar la paz y aceptar la*

*ignorando
tu pérdida.*

*pérdida.
Mereces
encontrar la
normalidad
y hacer las
cosas que
siempre has
disfrutado
hacer. No
debes ser
prisionero*

<table><tr><td></td><td>del dolor.</td></tr></table>

Con los mitos fuera del camino, veamos las formas en que puedes lidiar con el dolor.

Expresión y aceptación

Según la Escuela de Medicina de Harvard (Harvard Medical School, 2005), las personas que no encuentran vías para expresarse o aceptar su pérdida terminan sufriendo problemas de salud debido a su dolor. Con el fin de expresar lo que estás sintiendo y finalmente aceptar tu dolor, es importante buscar personas que se preocupen por tí. Puede ser su amigo, familiar o incluso un pariente lejano en el que confías. Habla con la persona y comunícale todo lo que puedas sobre tu dolor.

Siente tu tristeza

No retengas tu tristeza. A menudo, evitar que la emoción salga solo forzará a tu mente a construirla dentro de ti a menos que se vuelva demasiado abrumadora. Del mismo modo, cuando te sientas triste, deja que las emociones se manifiesten fuera de tu mente.

Administrar una rutina

Agrega tanta rutina como sea posible a tu vida. Podría ser algo tan simple como asegurarte de comer a la misma hora todos los días o asegurarte de usar ropa nueva regularmente. A medida que te acostumbras a una rutina, agrega una más. Mantén cada rutina simple para que no te abrume.

Sueño abundante

No hace falta decirlo, pero dormir es esencial para que descanses lo suficiente, lo que a su vez te pondrá en un mejor estado de ánimo al día siguiente. Con un descanso adecuado, evitas enfrentarse al dolor con agotamiento.

Come sano

En este momento, debes evitar comer cualquier cosa con demasiada grasa o colesterol. Una comida bien balanceada ayudará a tu cuerpo a sanar y mejorar tu sistema inmunológico en caso de que las cosas empeoren.

Hacer algo por alguien más

Según ciertas investigaciones, realizar actos generosos puede hacerte más feliz. Esto se debe a que los actos generosos activan la parte del cerebro que está vinculada al ciclo de recompensa. Por lo tanto, si das en abundancia, te sentirás mejor y, al mismo tiempo, beneficiarás a los demás.

Evita adormecerte

Recurrir a sustancias adictivas para medicarte solo causa un alivio temporal. Finalmente, cuando los efectos de la sustancia desaparecen, tus emociones vuelven a tí en su apogeo. Y esta vez, no están frenando sus golpes.

Busca asesoramiento

Si comienzas a experimentar depresión, insomnio durante mucho tiempo, malas habilidades sociales que eventualmente están deteriorando tus relaciones y problemas de salud sexual, no esperes a que las cosas mejoren. Busca asesoramiento porque no solo un médico general o un terapeuta pueden recomendar métodos alternativos de curación, sino que son los únicos que tienen la autoridad para recetar antidepresivos o medicamentos, si fuera necesario.

Agonía

La agonía emocional puede ser paralizante. Te golpea fuerte y luego deja un rastro de restos emocionales. Pero eso no significa que tengas que sentarte allí y ver que todo suceda sin hacer nada al respecto. Aquí hay algunas formas con las que puedes lidiar con la agonía.

Toma descansos

Una de las cosas que hace que la agonía emocional empeore es el acto de autoculparse. Con demasiada frecuencia, terminamos en un ciclo tóxico de culparnos de cosas que ni siquiera podrían ser nuestra responsabilidad. En otros casos, nos obsesionamos con las pequeñas cosas que hicimos que causaron que una situación haya producido resultados negativos. Si comienzas a sentirte abrumado, tómate un descanso de tu trabajo o tarea y simplemente has cosas en las que eres bueno o que disfrutas hacer.

Ganar perspectiva

Cuando estamos en medio de una situación, resulta difícil analizarla racionalmente. En tales circunstancias, da un paso atrás y observa lo que sucede a tu alrededor. Si la situación está particularmente llena de dolor, entonces primero debes concentrarte en manejar tu dolor. Cuidar un problema a la vez te ayudará a solucionar la agonía o a disminuir sus efectos.

Evita la personalización

En lugar de pensar que la situación fue causada por tu culpa o por algo que has hecho, da un paso atrás y descubre las alternativas de por qué podría haber sucedido. Quítate de la escena y reflexiona sobre la situación. Esto también te ayuda a hacer las paces contigo y aceptar la realidad de la situación.

Evita la soledad

Cuando te enfrentas a la agonía, se te hace difícil salir y enfrentar a los demás. Esto significa que cualquier conexión social se vuelve inexistente o apenas está presente en tu vida. En tiempos de soledad, la agonía puede ser bastante poderosa. No tienes con quién hablar o pasar tiempo. Tu agonía se convierte en tu única compañía. Cuando te enfrentas a una agonía emocional, estar cerca de las personas, elimina la necesidad de enfrentar tu agonía solo. Incluso puedes contar con el apoyo de tus amigos o familiares. Al menos su compañía es una distracción bienvenida.

Evita atormentarte

Revisar los escenarios una y otra vez después de la tragedia en tu vida no va a cambiar el hecho de que ocurrió. Cuanto más reflexionas sobre la pérdida y la tragedia, más comienzas a encontrar nuevas fallas, errores, arrepentimientos y culpa. Mantente distraído con actividades en las que eres bueno y, lo que es más importante, trata de no estar solo con demasiada frecuencia.

Busca tratamiento

Si, a pesar de tus mejores esfuerzos, te encuentras frente a un ataque implacable de agonía sin ninguna mejora, entonces piensa en buscar tratamiento de un profesional. No solo tendrás acceso y te darán muchas opciones de tratamientos, sino que también pueden recetarte medicamentos si surge la necesidad.

Lidiando con la Ira

La ira es una emoción destructiva. Es capaz de causar daño tanto a ti como a las personas que te rodean. Cuando la ira no se puede controlar, puede manifestarse en rabia, que a su vez es como el hermano mayor de ira más grande y más malo. Veamos algunas de las formas en que puedes lidiar con la ira.

Actividades inofensivas

Es importante que te sientas a cargo de tu comportamiento en lugar de permitir que los hachos pasados sientan que tienen más control sobre ti. Como acabamos de entender, la ira es capaz de causar daño a los demás, así como a ti mismo. Tu manifestación externa de ira puede dañar a las personas emocionalmente y, si vas demasiado lejos, incluso físicamente. La ira puede hacerte daño porque cuando la escondes, no se desvanece. Toda esa emoción destructiva simplemente se está acumulando dentro de ti. Es como una olla a presión: el vapor se acumula en el interior y finalmente se libera. Si bloqueas el paso para que escape el vapor, entonces la tapa de tu olla a presión puede explotar.

Esta analogía se aplica a la ira. Si tienes una válvula para descargar el vapor, entonces puedes controlar tu ira. Si no hay válvula, entonces eres una olla a presión viva.

Entonces, ¿cuáles son estas "válvulas de escape" de las que estamos hablando? Simple. Son actividades en las que puedes desplazar toda la ira dentro de ti.

Algunas de ellos incluyen:

• Sal a correr

- Saca tu ira en un saco de boxeo (no te preocupes, no vas a herir sus sentimientos).

- Golpea una almohada (cuando no puedas encontrar un saco de boxeo).

- Ve al gimnasio

- Practica deportes como tenis, squash, natación o fútbol.

- Anda en bicicleta

Escribe sobre la situación

Una de las formas de desplazar la ira es escribir sobre ella en detalle. Puedes usar un bolígrafo y papel o iniciar tu computadora. De cualquier manera, debes ser lo más descriptivo posible. Una vez que hayas terminado, puedes guardar las notas que has hecho o puedes deshacerse de ellas (en caso de que te preocupe que alguien pueda encontrarlas). Sin embargo, compartir las notas con alguien puede ayudarte, como veremos en el siguiente punto.

Habla acerca de tus sentimientos

Si ha hecho las notas usando el paso anterior, puedes usarlas para mostrarle a alguien lo que te está pasando por dentro. Si no tiene notas, no te preocupes. Hablar con alguien cercano a ti es una forma, no solo de expulsar toda la ira que tienes dentro, sino también de forjar relaciones más fuertes. Cuando las personas cercanas a ti, te entienden mejor, juntos podrían encontrar una manera de lidiar con tu enojo.

Utiliza el humor

Si bien esto puede sonar poco ortodoxo, agregar humor a tu vida es una buena manera de equilibrar la ira que sientes. Cuando la emoción más común que siente es la ira, se hace fácil pensar que todo lo que trae consigo son sentimientos negativos. Un poco de equilibrio no solo alivia la presión de la ira, sino que también te recuerda que incluso eres capaz de sacar tu alegría interior.

Practica la meditación

La mayoría de la gente piensa en la meditación como algo de naturaleza espiritual. Pero el acto de practicar la respiración tiene raíces en la ciencia. Según los psicólogos, puede dirigir su ira en direcciones más constructivas simplemente practicando yoga (Ma, 2016).

Lidiando con la sorpresa y el miedo

La Sorpresa

La sorpresa es una reacción involuntaria. No hay forma de controlarla realmente a menos que sepas o puedas predecir lo que está a punto de suceder. Pero lo que podemos hacer es controlar las emociones que sentimos después de experimentar la sorpresa. Entonces, ¿cómo lo hacemos? ¿Cuál es el secreto detrás de manejar las secuelas de una reacción a la sorpresa?

Practicar la respiración

Tómate un momento para respirar. Aunque tus amigos te hayan sorprendido con un pastel de cumpleaños, respira hondo dos veces. Una vez que hayas terminado, puedes elegir tu respuesta. Si la sorpresa fue placentera, da tu mejor sonrisa y deja que las emociones positivas corran a través de ti. Hazle saber a tus amigos que te sorprendiste de verdad y que estás feliz por ello. La expresión de honestidad no sólo difunde cualquier preocupación que tus amigos puedan tener, sino que también te hace parecer una persona genuina. Si la sorpresa fue negativa, entonces ahora tienes la oportunidad de pensar en lo que quieres hacer a continuación.

Siente tu cuerpo

Si te sientes dominado por tus emociones y sientes que tu mente se aleja, entonces simplemente concéntrate en tu cuerpo. Siente el suelo bajo tus pies, el viento en tu pelo, los sonidos que entran en tus oídos, los olores, las vistas, y cualquier otra cosa que puedas notar.

Mírate en un espejo

Cuando te sientes sorprendido y te encuentras frente a una situación negativa, entonces probablemente estás en medio de un torrente de emociones. Si tienes un espejo cerca de ti o una superficie reflectante, entonces mirarlo, te dará un vistazo a tu expresión facial. A veces, cuando no queremos expresar emociones negativas, sólo necesitamos que nos recuerden que estamos a punto de hacerlo. Mirar tu reflejo es un recordatorio de lo que estabas a punto de revelar.

Prepara tu mente

Uno de los ejercicios más importantes para tu mente es enseñarle a darse cuenta de que las sorpresas son parte de la experiencia diaria. Recuérdate todos los días que pase lo que pase, te calmarás en cuanto te sientas sorprendido. Recuerda que está bien sentirse sorprendido. Simplemente estás tratando de entrenar tu mente para que se calme después de sentirte sorprendido con este método.

Planifica alternativas

Para la mayoría de las cosas en la vida, no hay forma de detener las sorpresas que se te presentan. Pero a veces, puedes intentar minimizar el daño creando planes alternativos para tu curso original de acciones o ideas. De esta manera, no tendrás que experimentar sorpresas que puedan llevarte a sentimientos de decepción, desesperanza o incluso miedo.

Enfrentando lo inevitable

Si ocurre algo inevitable y no hay nada que puedas hacer al respecto, entonces ten en cuenta que expresar emociones negativas no va a mejorar las cosas. Tu mejor curso de acción sería pensar en lo que quieres hacer a continuación.

Miedo

El miedo es una emoción que puede inmovilizarte fácilmente. Uno de los síntomas comunes del miedo es que te impide pensar con claridad. Terminas reaccionando a tus instintos y, si bien eso es esencial para reacciones rápidas, a veces puedes necesitar tu mente racional para ayudarte a encontrar una solución.

Sal de la situación

Una de las cosas que puedes hacer es encontrar una manera de salir de la situación que te causa miedo. Si puedes, aléjate de ella hasta que puedas analizarla desde una perspectiva racional. Por ejemplo, si estás caminando por un callejón y de repente comienzas a experimentar miedo, trata de no racionalizarlo en ese momento. Simplemente sal del callejón tan pronto como puedas y luego piensa en el evento cuando estés lejos de él. Esto te permitirá racionalizar la situación adecuadamente. Puedes decirte a ti mismo que no había nada que temer y que solo era una reacción nerviosa al medio ambiente. Algunas personas intentan racionalizar la situación mientras todavía están dentro del ambiente de miedo. Esto no funciona demasiado bien, porque su emoción dominante sigue siendo el miedo y es capaz de influir fácilmente en otras emociones.

Aprende de tus miedos

De vez en cuando, trata de ponerte en situaciones donde sientas miedo. Asegúrate de que estas situaciones no produzcan miedo intenso. Cuando experimentas miedo voluntariamente, puedes explorar la emoción adecuadamente.

La mejor manera de hacerlo es haciéndote preguntas. Una vez que comiences a experimentar miedo, pregúntate si la emoción está justificada. ¿Era realmente necesario tener miedo esa vez? Si tu respuesta es no, entonces puedes encontrar que tu miedo disminuye ligeramente. Las razones principales por las que esta táctica funciona es porque te estás colocando a ti mismo, y no a la emoción, en el centro de atención. Cuando respondes que no tienes nada de qué temer, estás quitando el poder de la emoción y colocándolo dentro de ti.

Respira y evalúa

Cuando el miedo te golpee la próxima vez, comienza a concentrarte en tu respiración. Permítete despejar tu mente y luego comienza a evaluar la situación. Presta tanta atención al detalle como sea posible. Cuando comienzas a concentrarte en el entorno o la situación en la que te encuentras, entonces no dejas ningún espacio para que el miedo se apodere de ti. Además, al evaluar la situación, te estás permitiendo encontrar soluciones racionales para lidiar con el miedo.

Enfrenta los hechos

Una de las formas más efectivas de lidiar con los miedos es enumerándolos en una hoja de papel. Luego, intenta y usa hechos para preguntarte si tus temores son válidos. Por ejemplo, si te preocupa que tu avión se estrelle en un vuelo, piensa si alguna vez le ha sucedido a alguien que conoces. Usa hechos para apoyar tu argumento. En este punto, no te preocupes por usar el sesgo de confirmación. No estás buscando hechos para prepararte para un debate. Estás tratando de calmar tus miedos.

También ayudaría si investigas más sobre el objeto de tu miedo. Por ejemplo, digamos que con frecuencia usas Cathay Pacific para volar a tu destino. Prueba e investigue más sobre las propias aerolíneas, las características de seguridad que utilizan y su historial. De esta manera, estás demostrando que no hay razón para tener miedo.

Siéntete cómodo con confianza

Intenta ponerte en situaciones de las que no tengas miedo. Observa la confianza que tienes cuando se encuentras en esas situaciones. Luego, toma nota de los pasos que tomas durante esas situaciones. ¿Cómo te preparas? ¿Por qué te sientes seguro? ¿Cómo manejas la situación?

Cuando entiendes tu confianza, puedes replicarla cuando entras en una situación temerosa.

Habla con alguien sobre tu miedo

Tener una conversación con alguien sobre tu miedo no solo te ayuda a tener una perspectiva externa, sino que también comienzas a evaluar toda la experiencia desde un ángulo diferente. Esto te permite encontrar áreas en las que puedes mejorar o fallas en tu razonamiento cuando sientes miedo. Por ejemplo, digamos que tienes miedo a la oscuridad. Al hablar con tu amigo, es posible que descubras que probablemente se deba a tu hábito frecuente de ver demasiadas películas de terror por la noche. Tu subconsciente emocional ahora se ha aferrado a la idea de que la oscuridad es un lugar aterrador para estar. ¿Cómo combatirla? Mira películas de acción donde los personajes parecen defenderse incluso en la oscuridad. Puede parecer una solución simple, pero al permitirte lentamente sentirte empoderado, puedes cambiar tu perspectiva.

No te burles de ti mismo

Finalmente, no importa cuán irracional creas que es tu miedo, no te burles de ti mismo por sentirlo. No hay nada de malo en que tener miedo pueda parecer trivial para los demás. ¿Has oído hablar de la nomofobia? Es el miedo que uno siente cuando se da cuenta de que la batería de su teléfono está a punto de terminar. Linonofobia? Miedo a las cuerdas. Ablutofobia? Miedo a la limpieza. ¡Hay toda una gama de temores que uno ni siquiera sabe que existen!

Elige entender tu miedo. No te culpes por tenerlo.

Lidiando con la Apatía

La parte difícil de lidiar con la apatía es que es posible que no tengas ganas de tomar ninguna medida para lidiar con la apatía. Es un enigma tan grande que las personas a menudo luchan por deshacerse de la emoción. Pero echemos un vistazo a las formas en que puedes cambiar eso.

Involúcrate

Haz algo. Haz cualquier cosa. Necesitas romper el ciclo de inacción. Si sientes que quieres comenzar con algo simple, entonces continúa.

Una de las mejores actividades para hacer, es una caminata. Establece un tiempo para ti y camina durante ese tiempo. Por ejemplo, decide que vas a pasar 15 minutos caminando. No importa qué dirección tomes ni hacia dónde te gustaría ir.

Anota el momento en que has decidido caminar. Por ejemplo, si has dado un paseo a las 8 a.m. de la mañana, anota la hora. Todos los días, debes realizar una caminata de 15 minutos a las 8 a.m., como mencioné anteriormente, no importa adonde camines, siempre y cuando salgas de tu casa o edificio y salgas a la calle. Incluso puedes convertir la caminata en una experiencia por sí sola.

Por ejemplo, crea una ruta que te gustaría tomar todos los días. Mientras caminas por la ruta, observa los establecimientos o las personas por las que pasas cada día. Detente en la cafetería local y entabla una conversación con el barista. Siéntate en el parque en el camino o en un banco público, si lo hay. Al agregar estas pequeñas experiencias a tu caminata, esperarás la actividad todos los días.

Después de eso, solo es cuestión de mantener la actividad como un hábito.

Conecta con la naturaleza

Estar cerca de la naturaleza te hará estar mucho más tranquilo y relajado. Esto te permitirá pensar en tu situación más claramente. Incluso un paseo por el parque te ayudará a encontrar tu impulso. Si es posible, intenta encontrar algo que hacer mientras estás cerca de la naturaleza. Si estás en el bosque, intenta hacer una caminata. Si estás en el parque, quizás puedas alimentar a las aves.

Disfruta una comida

A veces, todo lo que necesitas es darte un capricho y, al mismo tiempo, experimentar el aire libre mientras lo haces. Comer afuera te ayuda a disfrutar de una buena comida y a mirar el mundo que te rodea. Tendrás puntos de bonificación por traer a un amigo ya que puedes entablar una conversación. Recuerda que no tienes que mantener fluida la conversación. Puedes hablar tanto como quieras. Cualquier cosa que hagas para romper con la apatía es un progreso.

Haz algo por alguien más

Cuando eliges ayudar a otros o simplemente hacer algo bueno por alguien, entonces encuentras un propósito en la vida. Te das cuenta de que puedes hacer el bien a los demás. Además, te sientes bien contigo mismo. Te miras a ti mismo bajo una nueva luz: como una persona capaz de hacer el bien a los demás.

Consigue una mascota

Cuando no encuentras oportunidades para hacer algo bueno por los demás, siempre puedes conseguir una mascota. Cuando cuidas de otro ser vivo, descubres más sobre ti. Puedes elegir conseguir un animal que no requiera mucha atención, como un hámster o un pájaro. Alternativamente, si eres más de los gatos o los perros, entonces podrías obtener esas mascotas en su lugar.

Crea interrupciones

Una de las razones por las que te sientes atraído por la apatía es la rutina que estableciste mientras estabas en tu estado apático. Es por eso que puedes intentar crear pequeñas interrupciones en tu entorno. Cambia la hora en que te despiertas. Deja de sacar el desayuno de tu refrigerador y prepara algo fresco para ti. Si te encuentras encendiendo la televisión por la noche, entonces ve al gimnasio o sal a caminar. Al crear pequeñas interrupciones, estás entrenando tu mente para pensar que tu vida está cambiando. No puedes volver a los viejos patrones y, por lo tanto, la apatía ya no te tienta tan fácilmente.

Lidiando con el Disgusto y el Desprecio

El Disgusto

Cuando sientes disgusto, puedes dirigir ese disgusto hacia una persona, entidad o una idea. Si bien algunas de ellas podrían estar justificadas, si te encuentras mostrando disgusto cuando la situación no lo requiere, entonces podrías utilizar los siguientes métodos para controlar tu reacción.

Cuando muestres disgusto hacia la gente, busca señales de juicio

Uno no siente disgusto hacia otras personas cuando tiene ciertas nociones preconcebidas sobre ellas. Por eso, tu primera acción es averiguar qué ideas, pensamientos y juicios has puesto en la gente. Averiguar si esas ideas pueden ser meros prejuicios o si están justificadas. Por ejemplo, pensar que todos los chinos están ahí para engañarte con tu dinero es probablemente injustificado. Pero pensar que un grupo particular de personas, con las que te encontraste durante tus vacaciones - y que casualmente eran chinos - debería ser evitado porque los habías visto comportarse mal en otro lugar, podría ser una reacción justificada. En un escenario, estás creando etiquetas contra toda una población de personas. En el otro, no estás juzgando a toda la raza, sino sólo a un grupo de personas que sabes que se han comportado mal en el pasado. Comprender estas reacciones te permitirá reformular tus pensamientos.

Cuando sientas disgusto hacia ciertas personas, ayúdalas en su lugar.

Digamos que has mostrado signos de disgusto al ver gente de cierta raza. Una de las maneras en que puedes superar tus emociones es buscando oportunidades para ayudarles. Tal vez darles el camino si notan que ambos se dirigen hacia la puerta. Si notas que están perdidos, entonces podrías guiarlos. A través de pequeñas acciones, comienzas a tratarlos lentamente como tratarías a todos los demás. Eventualmente, tu subconsciente emocional entiende que estar en presencia de las personas que no te gustan es bastante normal y envía emociones positivas cuando estás cerca de ellas.

Cuando muestres disgusto hacia la gente, no te culpes a ti mismo

El mundo es un lugar complejo. Nada es blanco o negro. La gente es capaz de cambiar. Simplemente necesitan una oportunidad para mostrar ese cambio. De la misma manera, no te juzgues o seas poco amable contigo mismo por los prejuicios que tienes contra los demás. No te equivocas si conscientemente haces un esfuerzo para cambiarte a ti mismo. Acabas de demostrarte a ti mismo que eres realmente una mejor persona.

Cuando sientes disgusto por ciertos objetos, criaturas o situaciones: Enfrenta la causa de ese disgusto.

Una de las formas más directas de superar tu disgusto, es someterte a la fuente del mismo. Digamos por ejemplo que te repugnan los lagartos. La forma en que vas a superar tus sentimientos de asco es estar en presencia de un lagarto. Si quieres, puedes empezar mirando fotos de lagartos, pero eventualmente tendrás que enfrentarte a un lagarto vivo. Esto te permite entender por qué te sientes asqueado y racionalizarlo. Por supuesto que puedes sentir rechazo o repulsión las primeras veces, pero eso es completamente normal. Eso te permite deshacerte de la repulsión para que la próxima vez estés mejor preparado para enfrentarte al objeto o criatura de nuevo.

Cuando te sientes asqueado por los objetos, criaturas o situaciones: Cuestiónate a ti mismo.

En muchos casos, el asco es una emoción importante. Te sientes asqueado cuando estás cerca de una araña. La araña puede ser bastante inofensiva, o puede ser capaz de causarte daño. La mejor manera de averiguarlo es preguntándote a ti mismo. Si sientes asco por el olor de cierto tipo de comida, intenta preguntarte por qué lo sientes. Cuando llegas a la conclusión de que te sientes asqueado porque sientes que la comida se ha echado a perder, entonces sabes que tu emoción está justificada.

Si sientes asco de un insecto o de un objeto, pregúntate por qué sientes esas emociones. Sin la respuesta correcta, sabes que tus sentimientos no tienen una razón adecuada. En ese caso, puedes centrarte en intentar eliminar el sentimiento de disgusto hacia esa criatura u objeto.

El Desprecio

Una vez que el desprecio se arraiga en tu mente, es una emoción difícil de eliminar. Pero eso no significa que no haya esperanza. Aquí hay algunas maneras de manejar tu desprecio.

Entiende tus pensamientos

La mayoría de las veces, la razón de tu desprecio puede ser identificada dentro de los pensamientos que corren por tu mente. Factores como la falta de confianza en una persona, la incapacidad de comunicarse en el mismo idioma que tú, o simplemente el color de su piel, generan desprecio. La mejor manera de lidiar con la situación es identificar esos pensamientos y la próxima vez que te encuentres a punto de mostrar desprecio hacia alguien, piensa en pensamientos positivos sobre ellos. Por ejemplo, si no puedes quitarle la atención a la falta de confianza en la persona, entonces trata de pensar en su buena naturaleza, compasión o generosidad.

Usa la empatía

La empatía es una herramienta poderosa para entender a los demás. Cuando empieces a sentir desprecio por una persona, ponte en su lugar e imagina lo que pasaría si alguien te lanzara sentimientos de desprecio. La próxima vez que te encuentres con la persona, intenta decir algo agradable o realizar un acto de bondad. Cuando empiezas a crear una relación positiva con alguien, se te hace difícil mostrar desprecio hacia esa persona.

Concéntrate en tus acciones

Si te encuentras sacudiendo la cabeza, mirando hacia otro lado, ignorando a alguien, o simplemente burlándote cuando alguien está cerca de ti, entonces podrías practicar el cambio de tus acciones. La próxima vez, si la persona está en tu presencia, haz un esfuerzo para hacer contacto visual. Sonríele. Escúchala. Al eliminar lentamente las acciones que podrían afectar negativamente a la persona, estás dejando espacio para que las acciones positivas ocupen su lugar.

Perdona

Puede que pienses que ciertas personas no merecen una segunda oportunidad. Pero la realidad es que, si puedes encontrar la capacidad de perdonar, entonces no construyes sentimientos de desprecio dentro de ti. Esto te ayuda a practicar el acto de perdonar sobre el acto de crear desprecio.

Lidiando con el Orgullo

El orgullo es una emoción que se convierte en una parte tan natural de nuestra existencia que ni siquiera pensamos en ella como algo malo. Seguimos sintiéndolo, a veces con un resultado positivo y otras veces con un resultado negativo. Cuando sientes que tu orgullo se puede convertir en arrogancia, entonces aquí hay algunas formas de manejarlo.

Mantente alerta

Uno de los pasos más importantes que hay que dar, es empezar a notar cuando te sientes orgulloso. Cuando notes que actúas por emociones de orgullo, no te reprendas por ello ni te menosprecies. Deja que la situación se desarrolle para que puedas evaluarla más tarde.

Evaluación

Una vez que la situación se ha desarrollado, intenta analizar tus emociones. ¿Por qué te comportas de esa manera? ¿Hay algo que falta en tu vida? ¿Cuáles son tus cualidades positivas? ¿Cuáles son tus cualidades negativas?

Cuando te evalúes a ti mismo, asegúrate de ser honesto contigo mismo. Estás aquí para encontrar una manera de eliminar los sentimientos de orgullo, así que cuanto más honesto seas, mejor podrás ayudarte a ti mismo.

Encuentra formas de ser igualitario

Busca razones para colocarte como un igual a los demás en lugar de su superior. Si has estado experimentando baja autoestima, entonces no busques maneras de hacerte ver perfecto. Más bien, busca razones para probar que estás en un plano de igualdad con la gente que te rodea. Cuando haces este ejercicio, empiezas a verte como parte de una multitud, en lugar de alguien que está separado de la multitud.

Gustos y disgustos

¿Hay personas que te caen bien y otras que te disgustan? ¿Sabes por qué?

Empieza a fijarte en la gente que te gusta y que no te gusta. Cuando lo hagas, empieza a tomar notas de por qué te gustan o no te gustan. Una vez que hayas anotado tus emociones hacia ellos, analiza las notas y mira si tus respuestas fueron justificadas. Por ejemplo, si no te gusta tu compañero de trabajo. Ahora anota las razones por las que no te gusta. ¿Tiene malos modales en la mesa? ¿Es capaz de eructar tan fuerte que su eructo podría registrarse en la escala de magnitud de Richter?

Ahora mira estos puntos y luego averigua si estas razones son suficientes para que te desagrade por completo. Equilibra sus aspectos negativos con los positivos. Tal vez tu amigo es demasiado ruidoso cuando está en una multitud, pero es genuinamente compasivo y amable. Piensa en las formas en que puedes comunicar tus sentimientos a la persona para que pueda mejorar.

Capítulo 6: Elimina la Ansiedad y el Estrés

Una vez que la ansiedad y el estrés se apoderan de tu vida, termina habiendo una gran cantidad de otros problemas como la depresión, los dolores de cabeza, el insomnio, la falta de apetito y más. Lo más importante que hay que tener en cuenta es que para muchos, tomar medidas puede parecer el paso más difícil, pero es a través de la acción que podemos incluso, esperar deshacernos de la ansiedad o estrés. Veamos las formas en que se puedes tratar cada uno de los dos temas.

Trabaja con la Ansiedad

Regresa al presente

Típicamente, la ansiedad es una situación que se centra en asuntos futuros. Por eso debes asegurarte de que cada vez que notes que tu mente se pregunta sobre el futuro, vuelvas al presente. La mejor manera de hacerlo es hacerte las siguientes preguntas:

- ¿Qué está pasando ahora mismo?

- ¿Cuál era mi enfoque antes de que la ansiedad decidiera interrumpirme?

- ¿Hay algo de lo que debería preocuparme ahora mismo?

• ¿Estoy a salvo en este momento?

Cuando hayas respondido a las preguntas anteriores, puedes decirte a ti mismo que volverás a ellas en otro momento del día para que puedas dedicar tiempo a pensar en ti mismo. Esencialmente, le estás diciendo a tu mente que no interrumpa tu día y que serás capaz de evaluar lo que sea que te esté causando ansiedad en un momento determinado.

Medita

Tómate 10 o 15 minutos todos los días para sentarte en algún lugar donde no te interrumpan y meditar. Calmarse puede no ser fácil al principio, pero asegúrate de practicar todos los días hasta que puedas hacerlo bien. Aquí hay un simple ejercicio de respiración que puedes seguir:

• Encuentra un lugar donde no te interrumpan durante los próximos 10 o 15 minutos. Puedes elegir entre sentarte o acostarte en una superficie cómoda.

• Una vez que hayas encontrado una posición cómoda, cierra los ojos y respira profundamente.

• Una vez que lo hayas hecho, vuelve a respirar normalmente.

• A medida que respiras normalmente, pon atención a tu respiración.

• Ahora respira profundamente y mientras lo haces, cuenta hasta 5. Ahora mantén la respiración y cuenta hasta 3. Suelta tu respiración y deja que dure más que la cuenta de 5.

• Una vez más, vuelve a llevar tu respiración a la normalidad. A medida que respiras, notarás que tu mente puede llenarse con ciertos pensamientos, ideas o recuerdos. Pueden ser positivos o negativos. De todas formas, no ignores los pensamientos. Toma nota mental cada vez que los pensamientos aparezcan en tu cabeza y sigue adelante. Si te resulta difícil seguir adelante con un pensamiento, dale tiempo para salir de tu mente.

• Continúa respirando de esta manera durante los próximos 10 a 15 minutos. Puedes seguir respirando más tiempo si quieres.

• Una vez que hayas terminado, vuelve a respirar profundamente y vuelve a poner tu atención en tu entorno. Fíjate en el suelo bajo tus pies o en la superficie sobre la que estás tumbado. Observa los olores a tu alrededor y la sensación del aire en tu cuerpo. Una vez que hayas fijado tu mente en tu entorno, abre los ojos.

Replantéate tus emociones

Intenta reconocer lo que estás sintiendo y vuelve a etiquetar esos sentimientos. Por ejemplo, cada vez que tengas un ataque de pánico, no reacciones a él. En su lugar, acepta el hecho de que estás teniendo un ataque de pánico y has lo posible por calmarte.

Luego, recuerda que es algo temporal y que no hay nada de lo que debas preocuparte.

Se realista

La ansiedad a menudo te hace pensar en todas las cosas negativas que te pueden pasar. Por ejemplo, si vas a una entrevista, tu ansiedad puede hacerte pensar que probablemente te irá muy mal en la entrevista. Pero cada vez que eso suceda, dirige tu atención a un escenario realista. Piensa para ti:

Me he preparado para esto. Habrá desafíos, pero haré lo mejor que pueda, sin importar el resultado.

Simplemente cambiando la estructura de tu pensamiento, estás evitando que tu ansiedad tome el control y que tu mente racional dirija tus pensamientos.

Enlentece las cosas

Cuando la ansiedad te ataca, probablemente vas a sentir que tu mente se está moviendo como un coche de carreras. Intenta concentrarte en tu entorno y luego usa listas para calmar tu mente. Mira a tu alrededor y toma nota de tres cosas que puedes ver. Luego, concéntrese en tu oído y anota tres cosas que puedas oír. Incluso puedes concentrarte en un objeto del entorno y luego anotar tres cosas sobre él. Cuando te obligas a enfocarte en tu entorno, estás quitando la atención de tu ansiedad y enfocándola en tu entorno.

Comprométete con tus actos

Si empiezas a sentir los primeros signos de ansiedad, entonces haz algo para distraerte. Adelante, hazte un café. Sal a caminar afuera. Entabla una conversación con alguien. De hecho, incluso hacer algunos ejercicios de estiramiento será suficiente. La idea es no permitir que la ansiedad se apodere de ti y te haga perder el control del momento.

Mantén una buena postura

Cuando nos sentimos ansiosos, somos conscientes de nosotros mismos. Nos sentimos vulnerables y para protegernos de esa vulnerabilidad, juntamos nuestros hombros y nos encorvamos. Simplemente caminando o sentándote con una buena postura, engañas a tu cerebro para que piense que todo está bien.

Evita el azúcar

Según los investigadores, el azúcar es perjudicial para la salud mental (Lindberg, 2018). Cuando se sufre de ansiedad, se puede sentir un repentino anhelo de azúcar. El problema del azúcar en sí es que el cuerpo, libera insulina para hacer frente al exceso de glucosa en el cuerpo. Esto hace que el cuerpo trabaje mucho más que antes para volver a un estado normal. Cuando te sientes ansioso, lo último que quieres hacer es sobrecargar tu cuerpo porque eso significaría que vas a experimentar altibajos con más frecuencia. Este estado de inestabilidad es perjudicial para tu ansiedad, ya que ya estás experimentando altibajos por ello.

Organízate

Intenta no quedarte atascado en una rutina cuando estés completando pequeñas tareas. Las personas con ansiedad siempre buscan tener las cosas bajo control. Cuando no puedes realizar ni siquiera una tarea tan simple como encontrar las llaves de tu auto, entonces tu ansiedad puede dispararse hasta el cielo, por la más trivial de las razones. Prueba este pequeño truco para organizarte:

• Elige un lugar para guardar tus cosas importantes como las llaves del coche, la cartera y las tarjetas.

• Escoge otro lugar para guardar el cambio y el dinero de emergencia.

• Finalmente, elige un lugar para guardar documentos importantes como tu pasaporte o documentos de matrimonio para que siempre sepas dónde ir cuando los necesites.

Dependiendo de la cantidad de artículos que lleves contigo, puedes elegir varios lugares para guardarlos. Lo siguiente que quieres hacer es tomar nota de estos lugares. Finalmente, asegúrate de que estás poniendo sus cosas en el lugar designado.

Al organizar las cosas, estás evitando un estado de pánico. Estás evitando que la ansiedad tome el control en el peor momento posible (por ejemplo, por la mañana cuando estás a punto de ir al trabajo). Además, al poner las cosas en su lugar, estás poniendo orden en tu vida. La sensación de orden te da control y ese control, a su vez, te hace sentir poderoso.

Desafía la negatividad

No dejes que la negatividad tenga rienda suelta. Siempre que sientas pensamientos negativos nadando por tu mente, desafíalos. Sigue estos pasos para asegurarte de que tienes la ventaja sobre tus pensamientos negativos:

Empieza a registrar tus pensamientos cada vez que te pongas ansioso.

Ahora explica lo que sientes cuando estos pensamientos entran en tu mente.

Por ejemplo, puede ser que te pongas ansioso por tomar el metro porque crees que la gente te juzga. Si el miedo es la emoción que te viene a la mente durante esta situación, entonces anota la palabra miedo justo al lado de tu evento.

A continuación, utiliza los hechos y el pensamiento racional para cuestionar y analizar objetivamente tu ansiedad.

En el ejemplo anterior, pregúntate si realmente hay una razón para preocuparte por las opiniones de los demás. Además, debes saber que los demás pueden estar pasando por las mismas emociones, aunque no las estén manifestando abiertamente.

Piensa en el hecho de que no importa lo que piensen los demás, a menos que sean personas que conoces. Piensa en las veces que tu familia o amigos han disfrutado pasando tiempo contigo, revelando el hecho de que eres querido por las personas que más se preocupan por ti.

Idear pensamientos racionales para tu ansiedad puede ser bastante difícil. Pero concéntrate en tu realidad, en tu entorno, en las personas de tu vida y en el conocimiento que tienes. Si realmente lo deseas, sige adelante e investiga un tema para estar más informado sobre él.

Trabajando con estrés

Lo más importante en lo que hay que concentrarse cuando estás estresado es el factor que causa tu estrés. Una vez que puedas identificar la fuente, puedes tomar medidas para evitar que el estrés abrume tu vida. Además, necesitas ser capaz de identificar el hecho por el que estás sintiendo estrés. La mayoría de las personas ignoran ciertos síntomas, creyendo que son causados por otros factores.

Identifica el estrés

Debes saber que hay una diferencia entre sentirte cansado o enfermo y experimentar estrés. Una forma de identificar el estrés es buscando otros síntomas como sentirse extremadamente cansado y letárgico, dolores de cabeza o migrañas, músculos tensos y preocupación constante. En tales casos, no sólo estás cansado o enfermo, sino que estás realmente afectado por el estrés.

Agrupa tu estrés

A continuación, observa las causas de tu estrés y agrúpalas en una de estas tres categorías:

1. Eres capaz de tratar con la causa mediante el uso de soluciones lógicas

2. La situación mejorará con el tiempo

3. No hay nada que puedas hacer sobre la causa de tu estrés

Si puedes hacer algo con tu estrés, entonces crea un plan práctico para lidiar con el problema. Sin embargo, si la causa de tu estrés cae en la categoría 2 o 3, entonces trata de no preocuparte demasiado por esos tipos de estrés. Están más allá de tu control.

Reconoce tus responsabilidades

Haz una revisión de tu trabajo y hazte las siguientes preguntas:

- ¿Cuántas responsabilidades has asumido recientemente?

- ¿Puedes pedir ayuda a alguien para hacer frente a algunos de los trabajos que tienes que hacer?

- ¿Te estás tomando tiempo libre para ti mismo?

• ¿Puedes organizar tu trabajo de manera que puedas ocuparte de una tarea a la vez?

Reduce la ingesta de sustancias adictivas

Si has estado consumiendo alcohol o recurriendo al tabaco y a las drogas, entonces trata de cortarlas de tu vida. En el caso de las drogas, evítalas por completo y para el tabaco y el alcohol, ve si puedes reducir tu ingesta a pequeños niveles de consumo.

Entrena o ejercítate

Si puedes ir al gimnasio o hacer actividad física, asegúrate de aprovecharlo. De hecho, simplemente pasar tiempo al aire libre tiene un efecto positivo en tu salud y tu mente (Heart.org, 2018). Intenta y ve si puedes incorporar algunos ejercicios ligeros en tu rutina.

Tómate un tiempo libre en el trabajo

Si sientes que el estrés abruma tu vida, entonces no te hará daño tomarte un tiempo para ti. Un pequeño descanso mejora tu productividad en el trabajo y te permite examinar el problema desde una perspectiva diferente. Convéncete de que está bien cuidarte, ya que podrías estar atrapado en un bucle mental en el que piensas que estar más ocupado es bueno, cuando en realidad no lo es.

Practica la Atención Plena

A través de la atención plena, las personas pueden examinar sus pensamientos y sentimientos para enfrentar mejor las situaciones malas de su vida. Una de las mejores formas de incorporar la atención plena es practicando la meditación con frecuencia.

Evita castigarte

Debes haber visto citas sobre personas que se empujan al límite para lograr algo. La cosa es que están descuidando otros planes; uno donde se relajan en una hermosa playa con un Martini en la mano.

Intenta poner tu vida en perspectiva y verifica si estás administrando bien tu tiempo entre tu vida laboral y tu vida personal. Ve si has pasado tiempo con las personas que te importan.

Además, si sientes que tu mente ha sido demasiado crítica consigo misma, intenta y analiza cada pensamiento crítico. Pregúntate si tu mente está realmente justificada para formar estos pensamientos. Piensa en las veces que has sido demasiado crítico hacia ti mismo. Quizás al ser reiteradamente duro contigo mismo, tu subconsciente emocional ha captado tus reacciones y ahora está creando pensamientos similares.

Lo que debes hacer es entrenar tu subconsciente emocional para motivarte. La tarea puede no ser simple si has estado enfrentando pensamientos críticos durante algún tiempo, pero sabes lo que dicen sobre la práctica y la perfección. Todos los días, crea una lista de tres cosas que son buenas cualidades sobre ti mismo. Memoriza estas cualidades. Cada vez que recibas un pensamiento negativo durante el resto del día, repite los rasgos positivos que habías memorizado. Al día siguiente, elige tres rasgos positivos nuevos y repite el ejercicio. A través de este simple ejercicio, no solo estás entrenando a tu subconsciente emocional para que te examine desde una luz más positiva, sino que también te estás mostrando a ti mismo, que tienes muchas cosas positivas.

Duerme bien

No sacrifiques una buena noche de sueño para completar el proyecto en el que has estado trabajando. Trata de organizar tu día de manera que puedas realizarlo con la máxima eficiencia sin tener que permitir que tu trabajo interrumpa tu sueño. Si de hecho te enfrentas a un proyecto que parece que no te va a permitir dormir algún día, entonces compensa tu sueño perdido al día siguiente o al otro. Sin embargo, no permanezcas privado de sueño durante más de uno o dos días como máximo (de hecho, incluso dos días de poco sueño son perjudiciales, pero si realmente tienes que hacerlo, entonces asegúrate de haber hecho todo al segundo día).

Capítulo 7: Inteligencia Emocional

Que es el la Inteligencia Emocional?

La inteligencia emocional es un término que se utiliza comúnmente, pero no mucha gente parece entender lo que realmente significa. El término fue introducido por primera vez en la comunidad científica por dos investigadores; John Mayer (no el vocalista) y Peter Salavey. De acuerdo con los dos investigadores, la inteligencia emocional (denotada por EQ o IE) es la habilidad de una persona para:

• Identificar, evaluar y manejar sus emociones

• Identificar, evaluar e influir en las emociones de los demás

Hay cinco elementos que componen la inteligencia emocional. Estos son son:

Autoconciencia

Las personas que tienen una Inteligencia Emocional alta, tienen la capacidad de evaluarse mejor. Pueden entender sus emociones y encontrar formas de manejarlas. No dejan que sus emociones los controlen o guíen sus decisiones. Por ejemplo, ciertas personas con Inteligencia Emocional alta, pueden entender que pueden tener mal genio. Para controlar sus emociones y evitar que salgan en el peor momento posible, utilizan las técnicas mencionadas anteriormente en este libro para controlar su ira.

Autorregulación

Cuando puedes autorregularte, puedes pensar antes de actuar. Esto significa que, en lugar de dejar que tus emociones reaccionen por ti, las regulas, evalúas la situación en la que te encuentras y formas las respuestas adecuadas. Las personas que pueden regular sus emociones son buenas para mantener a raya las reacciones inapropiadas.

Motivación

Cuando las personas tienen una Inteligencia Emocional alta, pueden renunciar a recompensas a corto plazo y cambiarlas por ganancias a largo plazo. Han entrenado sus mentes para evitar alcanzar cosas por impulso. Disfrutan los desafíos, buscan formas de mejorar y ser más hábiles, y son extremadamente productivas.

Empatía

Cuando eres emocionalmente fuerte, puedes comprender mejor a los demás e incluso ponerte en su lugar. La empatía es un rasgo de un individuo con una Inteligencia Emocional fuerte. Utilizando la empatía, las personas pueden reservar sus juicios, reconocer los deseos y necesidades de los demás, comprender sus puntos de vista e incluso vivir la vida de manera honesta y abierta.

Habilidades Sociales

Cuando las personas tienen una Inteligencia Emocional alta, pueden integrarse en casi cualquier situación social. Son percibidos como sociables por los demás. Incluso se aseguran de no centrarse en sí mismos todo el tiempo. Usando sus poderes de empatía, pueden ayudar a otros a mejorar y desarrollarse. Pueden manejar conflictos fácilmente, transmitir sus mensajes de manera clara y concisa, y mantener fuertes sus relaciones.

Haz que la Inteligencia Emocional trabaje para ti

La mayoría de las personas está de acuerdo en que las relaciones y las habilidades emocionales son facetas importantes de la vida. Sin embargo, no todos saben cómo hacer que la Inteligencia Emocional trabaje para ellos. Aquí hay algunas formas en que puedes usar la inteligencia emocional para tu ventaja.

Evita el "Yo" y conviértelo en "Nosotros"

Cuando tus emociones están por todas partes, tienden a centrarse principalmente en ti. Es por eso que la mayoría de tus declaraciones tratan de ubicarte en el centro de atención. Al practicar el hábito de dejar que los demás sepan que todos son parte de tu conversación, construyes relaciones más fuertes y también te aseguras de no permitir que tus emociones te posicionen como un individuo con un alto ego.

Preocúpate por el otro

Para conocer a alguien, debes poder entenderlo. Para hacer esto, intenta hacer más preguntas sobre la otra persona y sus experiencias. Al conversar con alguien, no esperes la oportunidad de hablar. Más bien, escúchalos con paciencia y habla cuando sea tu turno. A menudo, puedes encontrarte en situaciones en las que la otra persona parece "acaparar la atención", no sientas la necesidad de anularlos para hablar sobre ti. Si tienes que hacer un comentario, se cortés al respecto y hazles saber que no estabas tratando de evitar que digan lo que piensan.

El enfoque cara a cara

En el mundo de hoy, es fácil simplemente enviar un mensaje rápido y un emoji para mostrar su significado e intención. Pero nada, ni siquiera la gran cantidad de formas en que podemos expresarnos en línea, puede vencer una forma personal de comunicación. Los japoneses creen en la comunicación personal e incluso organizan reuniones de negocios para hablar sobre cosas que se pueden comunicar fácilmente por teléfono. Creen que, a través de tales reuniones personales, se forman mejores relaciones. Saca una página de la guía de comunicación japonesa y asegúrate de pasar más tiempo frente a las personas que detrás de una pantalla.

Comprende las expectativas de las personas

No asumas nada sobre nadie. Reserva tus juicios hasta que los conozcas mejor o te informen sobre sus intenciones. Además, intenta comprender qué motiva a las personas. ¿Están interesadas en ganar más dinero? ¿Son aventureros, buscando la próxima gran descarga de adrenalina? ¿Sueñan con un lugar tranquilo para establecerse? Una vez que sepas lo que motiva a las personas, comenzarás a verlas bajo una nueva luz. Después de todo, todos tenemos cosas a las que aspiramos.

Practica con tus emociones

¿Alguna vez quisiste descubrir cómo ciertas personas pueden ofrecer una sonrisa tan encantadora? Simple, todo viene de la práctica. Pero, ¿cómo puedes practicar las emociones cuando no sabes cómo te ves con una expresión en particular? De nuevo, es simple. Usas un espejo. ¿Quieres practicar tu sonrisa? Mírate en el espejo y míralo hasta que estés satisfecho de verte tan encantador, que la gente esté lista para entregarte las llaves de tu auto sin dudarlo.

No seas crítico con tus Emociones

Nunca critiques tus emociones. Están allí porque las has desarrollado en primer lugar. Aprende a entenderlas y trabaja con ellas. Digamos que te disgusta fácilmente cuando la gente come con la boca abierta. Si estabas en un entorno social y te das cuenta de que hay alguien que no puede cerrar la boca mientras mastica, entonces tu reacción automática sería mostrar una cara de asco. La mejor manera de abordar este problema es darte cuenta y aceptar que las personas que comen con la boca abierta te dan asco. Esa es la verdad. A continuación, aprenderás a lidiar con eso. Sabes que la persona tiene un hábito bastante malo, pero ¿qué la hace buena? ¿Qué parte de su carácter te atrae? ¿Disfrutas su sentido del humor? ¿Encuentras su honestidad entrañable? ¿Crees que su inteligencia es refrescante? Cuando hayas analizado estos puntos, puedes colocar inmediatamente estos rasgos en la persona. Cada vez que estés a punto de presenciar una boca llena de comida, proyecta sus rasgos positivos en ellos.

Empatiza, no simpatices

La simpatía es una emoción fácil de ofrecer y, en ausencia de cualquier respuesta emocional, nos sentimos obligados a hacer algo. No queremos parecer que no hicimos el esfuerzo de entender a la persona que está frente a nosotros. Sin embargo, simplemente mostrando simpatía, podemos parecer insensibles y miopes. La empatía no significa que debamos tener todas las respuestas para otras personas. Más bien, significa que somos capaces de entender a la otra persona sin muchas palabras o acciones. Te sorprendería saber que muchas personas simplemente quieren ser escuchadas, no están buscando consejos o recomendaciones.

Maneja tus Emociones

Usando las muchas técnicas proporcionadas en este libro, aprende a manejar bien tus emociones. Identifica qué emoción estás causando interrupciones en tu vida. ¿Tu ira te impide formar relaciones fuertes? ¿Tus sentimientos de disgusto son críticos sobre el origen étnico, el color de la piel, el género o la orientación sexual de las personas? ¿Sientes que no puedes manejar el estrés adecuadamente? No importa cuántas fallas encuentres dentro de ti. Lo más importante es administrarlas una por una. Concéntrate en una emoción, guíala a donde te gustaría que esté y luego pasa a la siguiente. Cuando trabajas en tus emociones, abres un camino para que tu inteligencia emocional madure y crezca.

Capítulo 8: Activa tus emociones positivas

Al contrario de lo que piensa la mayoría de la gente, no es difícil ser feliz. La única razón por la que no podemos encontrar la felicidad dentro de nosotros es por la abrumadora presencia de emociones negativas.

Debido a las emociones negativas, las personas a menudo buscan "soluciones rápidas". Tal vez una botella de vino pueda hacer el truco. ¿Deberías conseguir esa bolsa cara? Es solo una vez, no volveré a consumir drogas. Las personas se rodean de excusas por lo que están haciendo, sin darse cuenta de que no se están haciendo felices. Simplemente están manteniendo a raya sus emociones negativas.

Es como notar grietas en una presa y, en lugar de encontrar una solución, colocas cinta adhesiva sobre las grietas, con la esperanza de evitar que se expandan.

Lo más importante que debes saber es que la felicidad y las emociones positivas son como las emociones negativas. Son dos caras de la misma moneda. Todavía no has volteado la moneda porque estás fijo en un lado.

A continuación, te enseñaré uno de los ejercicios más simples que puedes usar para medir tu felicidad:

• La próxima vez que te sientas feliz, anota las razones por las cuales la emoción entró en tu mente. ¿Qué hiciste para hacerte feliz? ¿Qué estabas pensando en ese momento? Que estabas comiendo ¿Estabas escuchando un tipo particular de música?

• Repite el ejercicio anterior con tristeza. ¿Qué te hizo sentir triste por una situación particular? ¿Qué estaba pasando por tu mente? ¿Hiciste algo para alentar la tristeza en tu vida?

Al evaluar las notas que has hecho para la felicidad y la tristeza, hazte las siguientes preguntas:

• ¿Puedes usar algunas de las formas en que te sentiste feliz para evadir sentimientos tristes en el futuro?

• ¿Hay alguna manera de pasar de la tristeza a la felicidad usando algunas de las acciones, pensamientos o actividades felices?

• ¿Crees que puedes repetir las cosas que te hicieron feliz regularmente?

Al obtener una comprensión de sus emociones positivas y negativas, es posible que te sorprendas al descubrir que puedes marcar la diferencia a través de unos simples pasos. Sin embargo, esto podría no funcionar para todas las emociones. Como hemos visto, cuando las emociones se vuelven negativas, pueden ser potentes. Entonces, ¿hay alguna forma en que podamos hacer que las emociones positivas también sean potentes?

Ahí está. Pero antes de descubrir cómo manejar nuestras emociones positivas, veamos el acto de coraje.

El Coraje

¿Qué significa tener coraje? ¿Es el hecho de que saltamos al peligro de la forma en que Tom Cruise salta a la acción con sus propias acrobacias? ¿Significa que hemos terminado de escapar de los problemas y decidimos finalmente enfrentarlos? ¿Puede ser que incluso aunque sintamos el miedo, elijamos no dejar que el miedo nos abrume mientras navegamos por una situación difícil?

¿Qué es exactamente el coraje?

Cuando sientes la emoción de coraje, te vuelves persistente. Decides alcanzar tus metas y lograr algo a pesar de cada emoción negativa que te empuja a rendirte. El coraje no siempre se trata de extremos. No se trata de hacer puenting para demostrar que no tenemos miedo a las alturas o ver una película de terror solos. El coraje se trata de las pequeñas cosas. Se trata de levantarse todos los días y decidir trabajar en tus emociones negativas a pesar de que prefieras regresar a la cama y dormir una hora más. Se trata de decirte a tí mismo que vas a lograr tus objetivos sin tener que recurrir a la satisfacción a corto plazo.

En otras palabras, es la voz dentro de tu cabeza que dice: "Puedo" que luego lo conviertes en "lo haré".

Probemos un ejercicio. Enumera todas las cosas que puedes hacer o que sea bueno lograr. No tienen que ser complicadas, simplemente cosas que podrías pensar que son triviales, pero son un componente importante de quién eres:

Comienza con la frase "Yo puedo" y continúa anotando tus habilidades. Aquí hay un ejemplo para ti:

- Puedo asistir a esa entrevista.

- Puedo aprender a tocar la guitarra.

- Puedo cocinar una comida saludable.

- Puedo ejercer paciencia.

- Puedo escuchar a la gente genuinamente.

- Puedo dar una sonrisa honesta a quienes lo merecen.

- Puedo hablar con la gente cuando me siento deprimido.

- Puedo disfrutar las pequeñas cosas de mi vida.

No hay límite para la lista. Puedes anotar tantas declaraciones "Yo puedo" como desees. Esto se debe a que el coraje no tiene límites. Y tampoco deberías ponerle un límite. ¡Siéntete libre de mostrar lo increíblemente valiente que eres!

El siguiente paso es escribir todas las cosas que no puedes hacer con respecto a la lista "Yo puedo". En otras palabras, convierte cada declaración de la lista "No puedo" en una "No puedo enumerar". La única diferencia aquí es que debe proporcionar una razón por la cual no puedes hacer las cosas que dices que no puedes hacer.

Usemos la lista anterior "Puedo" que proporcioné como ejemplo. Entonces, mi lista "No puedo" se vería así:

• No puedo aprender a tocar la guitarra porque no tengo mucho tiempo.

• No puedo cocinar una comida saludable porque podría cometer un terrible error.

• No puedo ejercer paciencia. No sé cuánto tiempo puedo quedarme quieto.

• No puedo escuchar a la gente genuinamente. No estoy seguro de lo que significa ser genuino.

• No puedo dar una sonrisa sincera a quienes lo merecen. ¿Qué es exactamente una sonrisa honesta?

• No puedo hablar con la gente cuando me siento deprimido, ya que no sé cómo transmitir mis sentimientos correctamente.

• No puedo disfrutar las pequeñas cosas de la vida porque no estoy seguro de cuántas cosas pequeñas tengo que me den alegría.

Ahora piensa en lo que sucedió con el ejercicio anterior. Mira algunas de las razones que di solo porque me pidieron que diera una declaración de "No puedo" con una razón. Puedes encontrar que algo similar sucede con tu lista. Es posible que las razones que has proporcionado para las declaraciones "No puedo" ni siquiera sean válidas o que ni siquiera tengan sentido. Pero aun así las diste cuando te lo pidieron. Estoy bastante seguro de que, si se te solicita, puedes separar cualquiera de las declaraciones "No puedo" y luego decirme que la declaración no tiene sentido.

Es lo mismo con las emociones también. La mayoría de las veces, terminamos atribuyendo una razón a nuestras declaraciones de "No puedo" en la vida porque no nos gusta admitir que no podemos hacer algo sin una razón. No nos gusta sonar incompetentes o incapaces. Por eso, no explicamos nuestras declaraciones de "puedo" porque no merecen una explicación. Son nuestra forma de decir: "Puedo hacerlo. Soy capaz de hacerlo y eso es todo lo que todos necesitan saber ".

En el siguiente paso, continúa con tus declaraciones de "No puedo". Solo que esta vez, realmente agregarás cosas que no puedes hacer (y no deben oponerse a las declaraciones hechas en la lista "Yo puedo").

Por ejemplo, no puedes decir: "No puedo aprender a tocar la guitarra porque no tengo mucho tiempo", porque ya la has agregado a la lista "Puedo".

Al final, tendrás una cantidad de declaraciones de "Yo puedo" y varias declaraciones de "No puedo". Calcula las dos y descubre el número total de declaraciones que has hecho. Por ejemplo, digamos que has hecho 29 declaraciones de "puedo" y alrededor de 17 declaraciones "no puedo". Tu número total de declaraciones ahora es de 46.

Calcula el porcentaje de declaraciones "yo puedo" y "no puedo". Usando el ejemplo anterior, el porcentaje de declaraciones "yo puedo" es (29/46 * 100) aproximadamente 63%. Lo que significa que el porcentaje de declaraciones "No puedo" es del 37%.

Una vez que hayas medido los porcentajes, usa la tabla a continuación para averiguar en qué nivel se encuentra tu valentía.

Nivel	Yo puedo	No puedo
Alto	75%	35%
Medio	50%	50%
Bajo	25%	75%

Basado en los porcentajes que obtuve usando el ejemplo que proporcioné, probablemente estaría entre el nivel de coraje "Superior" y "Promedio". Esto significa que aunque soy bastante valiente, aún puedo mejorar mucho. Entonces, ¿cómo lo hago?

Simplemente vuelvo a las declaraciones de "No puedo" y miro cómo puedo trabajar en ellas. Por ejemplo, digamos que una de las declaraciones de "No puedo" fue: "No puedo hacer una presentación porque estoy nervioso con mis jefes".

En este momento, la emoción negativa que me está afectando es el miedo. Vuelvo a la sección sobre cómo manejar el miedo y me aseguro de trabajar en ello hasta que sienta que la declaración "No puedo" se convierte en una declaración "Puedo".

Finalmente, la declaración se debería leer: "Puedo hacer una presentación cómodamente".

A través del ejercicio anterior, estás construyendo tu coraje para enfrentar los desafíos en tu vida. Estás rechazando dejar que las cosas que no puedes hacer te abrumen y, a pesar de la oleada de emociones negativas, las convertirás en cosas que puedes hacer.

Usar nuestro coraje se relaciona directamente con nuestras emociones positivas. Veamos cómo.

Manejando las Emociones Positivas

Las emociones positivas deben manejarse como las emociones negativas. Esto no significa que estés restringiendo tus emociones positivas. Más bien, las vas a crear o usar cuando las desees.

Lo primero que vas a hacer es crear tres categorías. Estas serán:

• Cosas que me hacen feliz o me dan paz.

• Cosas que construyen mi confianza

• Cosas que pueden suprimir las emociones negativas.

Deberías tener una tabla que se vea así:

Cosas que me hacen feliz o me dan paz.	Cosas que construyen mi confianza	Cosas que pueden suprimir las emociones negativas.

Ahora continúa y agrega tus declaraciones de "Yo puedo" a la tabla. Puedes repetir una declaración "Yo puedo" en varias columnas. Tomemos la lista "Yo puedo" que proporcioné como ejemplo:

Cosas que me hacen feliz o me dan paz.	Cosas que construyen mi confianza	Cosas que pueden suprimir las emociones negativas.
• Puedo aprender a tocar la guitarra.	• Puedo ejercer paciencia.	• Puedo aprender a tocar la guitarra.

• Puedo cocinar una comida saludable.	• Puedo escuchar a la gente genuinamente.	• Puedo cocinar una comida saludable.
• Puedo dar una sonrisa honesta a quienes lo merecen.	• Puedo dar una sonrisa honesta a quienes lo merecen.	Puedo disfrutar las pequeñas cosas de mi vida.
• Puedo hablar con la gente cuando me siento deprimido.	Puedo hablar con la gente cuando me siento deprimido.	
Puedo disfrutar las pequeñas cosas de mi vida.		

Ahora usa la tabla de arriba siempre que la necesites para alegrar tu vida. ¿Quieres agregar un poco de paz a tu día? ¿Por qué no aprender a tocar la guitarra o cocinar una comida saludable?

¿Quieres practicar ganar confianza? Entonces quizás deberías hablar con la gente cuando te sientas deprimido.

Con este ejercicio simple, comienzas a manejar tus emociones positivas al igual que las negativas.

Capítulo 9: Despejando tu mente

Con la cantidad de información que recibimos todos los días, no es sorprendente saber que nuestras mentes pueden ser despejadas. Tomarte el tiempo para concentrarte en tu mente te ayuda a aclararte para su uso futuro.

Una de las formas más efectivas de despejar tu mente es a través del proceso de meditación. He proporcionado un ejercicio de meditación simple en el "Capítulo 6: Eliminando la ansiedad y el estrés".

Aparte de eso, aquí hay dos formas en que puedes despejar tu mente.

Replantéate tus pensamientos negativos

Las investigaciones han demostrado que tenemos un sesgo hacia la negatividad (Cherry, 2019). Bueno, ¿quién puede culparnos? Nuestros antepasados necesitaban enfocarse en la negatividad. Así es como se mantuvieron vivos después de todo. No evitaron a los depredadores con una sonrisa en la cara y caminando por el bosque con la letra de "Oh Happy Day" en su mente (bueno, su versión de "Oh Happy Day").

Como estamos acostumbrados a centrarnos mucho en los pensamientos negativos, puede que no sea sencillo replantear nuestros pensamientos. Pero al ser persistente y asegurarte de romper el patrón de pensamientos negativos que surgen en tu mente, podrás evitar que se salgan de control.

Aquí hay algunas tácticas que puede usar para replantear los pensamientos negativos.

Táctica #1: Cuida tus emociones

Tu primer paso es observar tus pensamientos. En este punto, simplemente estás observando lo que está sucediendo en tu mente.

No juzgues ningún pensamiento ni trates de analizarlo. Simplemente estás viendo lo que le sucede a ese pensamiento.

Esta táctica es más exitosa cuando simplemente observas cómo ocurren los pensamientos en tu mente.

Puedes realizar esta táctica en cualquier momento del día, pero personalmente recomendaría hacerlo mientras estás meditando, ya que la técnica de meditación que mencioné se enfoca en observar tus pensamientos sin tratar de entenderlos.

Táctica #2: Distánciate de tus pensamientos

Siempre que te concentres en tus pensamientos, toma nota del hecho de que tus pensamientos y tu son entidades diferentes. Por ejemplo, si estás pensando: "No puedo hacer esto", piensa en otro pensamiento como este: "Estoy pensando en el hecho de que no puedo hacer esto".

De esta manera, no te estás definiendo por tus pensamientos. Estás dejando en claro que tus pensamientos son independientes.

Táctica #3: Aprende a decir No

Cada vez que encuentres que tus pensamientos comienzan a desviarse de otros asuntos o preocupaciones, puedes decir "No" en voz alta. Asegúrate de ser firme y seguro al decir "No". Cuando dices que no, visualizas bloqueando tu mente para que no deambule imaginando un muro irrompible. Muchas personas tienen diferentes métodos de visualización. Algunas personas optan por atar sus pensamientos con una cuerda. Otros imaginan empujar los pensamientos hacia una habitación. Independientemente de la técnica de visualización que utilices, asegúrate de que te centras en anclar tus pensamientos y evitar que pasen por tu mente sin rumbo fijo.

Táctica #4: La banda elástica de la Defensa

Ponte una banda elástica alrededor de la muñeca. Cada vez que sientas que tus pensamientos se extravían y se vuelven negativos, simplemente (y suavemente, por supuesto), tiras de la banda en tu muñeca. Esta es una manera de hacer cumplir la Táctica # 3.

Táctica #5: Comprende lo que desencadena tus emociones Negativas

Cada emoción negativa se desencadena por algo. Si quieres dominar tus emociones, asegúrate de que puedes entender sus desencadenantes. Más específicamente, empieza a prestar atención a las cosas que te preocupan o estresan frecuentemente.

Pregúntate cada vez que notes un pensamiento negativo: ¿qué causó que este pensamiento apareciera en mi mente?

Asegúrate de anotar los desencadenantes para tener una lista que puedas consultar en cualquier momento.

Enséñale a tu mente nuevos Hábitos

La idea de que no se puede enseñar a un perro viejo nuevos trucos no se aplica aquí. La mayoría de la gente imagina la mente como un pedazo de concreto o una pared de ladrillo, resistente y fuerte. Pero en realidad, la mente es como una bola de arcilla. Puedes darle la forma que quieras con suficiente concentración y persistencia.

Veamos las formas en que puedes lograrlo.

Lección #1: Reemplaza tus pensamientos

En muchos casos, tus pensamientos no se apegan a la verdad. Tienden a ser exagerados. Esto se debe a que tu mente se esfuerza por distraerte o llamar tu atención. Si se da cuenta de que la estás ignorando, simplemente aumenta la intensidad del pensamiento.

Cuando el pensamiento se te revela, es difícil no sentirse derrotado por él. Es fácil sentir que eres un fracaso. Sin embargo, al examinarlo más de cerca, notarás que el pensamiento no es del todo cierto.

Cuando estos pensamientos aparezcan, no dejes que se escapen del efecto que producen en tu mente. Detente y concéntrate en ellos. Cuestiona su autenticidad. Intenta examinarlos desde todas las perspectivas.

Digamos que estabas en una reunión social y te enteraste de que alguien criticó tu ropa de noche. En lugar de sentirte abatido por ello y escuchar a tu mente (lo que probablemente signifique que eres incapaz de llevar un buen traje), elige reflexionar sobre el incidente. Podrías descubrir que probablemente había 20 personas a las que les gustaba mucho tu ropa.

De esta manera, tus pensamientos no se imponen a la situación. No pueden hacerte sentir mal sin tu consentimiento.

Lección #2: Acepta el escenario

¿Qué pasa si los pensamientos son la verdad? ¿Qué pasa si realmente te pusiste un traje bastante horrible para el evento social? ¿Qué harías entonces?

En tales casos, debes saber que tus pensamientos también exageran la situación. En una circunstancia normal, deberías ignorar el hecho de que el traje era malo y decidir que vas a invertir en un nuevo traje. O usar algo diferente la próxima vez.

Lo que estás haciendo ahora mismo es aceptar la verdad. No estás rechazando lo que tu mente te está diciendo, sino que estás rechazando lo mal que tu mente está haciendo que la situación parezca.

Una de las mejores maneras de ver la verdad es haciéndote las siguientes preguntas:

• ¿Qué puedes hacer para mejorar en el futuro o rectificar la situación?

• ¿Has aprendido alguna lección positiva de ello que puedas usar para motivarte?

• ¿Puedes encontrar el apoyo de tus amigos o familiares para hacer frente a la situación?

Lección #3: Convierte tus pensamientos

Pensar en exceso no te lleva a ningún lado y tampoco lo hace una mente desbocada que se centra en llevarte al lado oscuro de las emociones. En lugar de permitir que te guíe, ¿por qué no guiarla hacia emociones positivas?

Piensa en formas en que puedes encontrar soluciones constructivas a tu problema o situación.

Lo primero que tienes que hacer es liberarte de la negatividad. Distraerte con alguna forma de acción. Usa las declaraciones "Yo puedo" para encontrar algo que hacer que te ayudará a sentirte mejor.

Luego, comienza a pensar en las formas en que puedes lidiar con la situación que enfrentas. Por ejemplo, si tus pensamientos te recuerdan qué tan mal te has desempeñado en tu trabajo ese día y te recuerdan que probablemente te despedirán, piensa en cómo puedes dar un aporte constructivo a tus pensamientos.

- ¿Qué puedo hacer para mejorar mi trabajo?

- ¿Por qué me desempeñé mal hoy? ¿Estaba distraído en el trabajo?

- ¿Hubo una tragedia reciente que me afectó? En ese caso, podría intentar pedirle a mi jefe un par de días fuera del trabajo.

Cuando comienzas a encontrar soluciones, no solo ganas confianza en ti mismo, sino que también superas tus emociones negativas con respuestas positivas.

Lección #4: Designa un tiempo para pensar sobre tu estrés

A veces, todo lo que necesitas hacer es desahogar el estrés que sientes por dentro. En ese caso, sería útil que reserves una pequeña parte del día para simplemente deshacerte del estrés que has estado acumulando en el interior.

No tienes que pasar mucho tiempo tratando de descubrir tu estrés. Simplemente toma 15-20 minutos para desagotar tu estrés.

Una de las mejores formas de realizar este ejercicio es mantener un temporizador en tu reloj o teléfono. Cuando suena la alarma, sabes que has alcanzado tu límite de tiempo. De esta manera, no tienes que preocuparse constantemente por el tiempo mientras lidias con tu estrés (eso sería aún más estresante).

Capítulo 10: El Poder de la Simplicidad

Los investigadores han descubierto que la desorganización y el desorden pueden aumentar tu estrés (Carter, 2012). Algo tan simple como una habitación desordenada puede hacer que tu mente se sienta abrumada. Los psicólogos incluso sugieren que al realizar actividades simples como lavar los platos, puedes limpiar el desorden en tu mente y reducir el estrés que sientes.

Pero, ¿qué causa el desorden y la desorganización a tu alrededor en primer lugar? ¿Qué crea el ambiente que te rodea?

Es la falta de simplicidad. Es cuando has estado actuando por impulso y aumentando la cantidad de cosas que tienes, que realmente no necesitas.

Entonces, veamos por qué la simplicidad es la clave y cómo puedes simplificar tu entorno.

Despeja tu entorno

La mayoría de las veces, somos conscientes de lo que deberíamos hacer y de cómo lo haremos. Pero rara vez nos damos cuenta de dónde estamos, a menos que entremos en un entorno novedoso y nuestra mente subconsciente nos empuje a usar nuestra mente consciente para absorber lo que vemos, oímos y olemos a nuestro alrededor. Por ejemplo, rara vez prestamos atención al aspecto de nuestra habitación u hogar. Pero cuando entramos en el vestíbulo de un magnífico hotel, de repente comenzamos a notar todos los pequeños detalles del vestíbulo.

Esto tiene repercusiones. Debido a que estamos tan acostumbrados a nuestros hogares y no les prestamos atención, no nos damos cuenta de cuándo comienzan a acumularse cosas en ellos. Constantemente agregamos nuevos objetos a nuestro entorno que no notamos su efecto en nosotros.

Pero la idea del desorden no se adhiere solo a los objetos físicos. Piensa en los diversos hábitos, rutinas y actividades que realizamos. No somos conscientes de que hemos cambiado de muchas maneras hasta que nos detenemos y nos tomamos un momento para evaluarnos.

Pero, ¿cómo puede este cambio físico y personal entrar en nuestras vidas sin nuestra conciencia? ¿Cómo pueden cambiar nuestras vidas tan drásticamente cuando deberíamos poder reconocer su influencia fácilmente?

Parte de la razón tiene que ver con el hecho de que no sucede de la noche a la mañana. Agregamos nuevos hábitos, objetos, ideas y metas a nuestras vidas durante un período de tiempo. Por lo general, tendemos a incorporar adiciones a nuestras vidas después de que nos sentimos cómodos con una. Es por eso que parece que los cambios suceden en nuestras vidas sin problemas, y es por esta razón que no notamos su influencia en nosotros.

Para eliminarlos de nuestras vidas, veamos varias formas de simplificar nuestras vidas y nuestro entorno.

Simplicidad en tu hogar

El hogar es donde está el corazón. Pero, ¿qué sucede cuando tu hogar se siente como un huracán que te atraviesa? Deja de convertirse en un paraíso y dejas de admirarlo.

¿Recuerdas cómo hablamos sobre el subconsciente emocional que te influye con el fenómeno del prmiado? Tu hogar es una increíble máquina de primado. Cada vez que entramos en él, numerosos objetos luchan para llamar tu atención. Están compitiendo por el espacio en tu mente. Muchas veces, cada uno de estos llamadores tiene un objetivo diferente. La pila de libros que están en tu mesa de comedor te pide que los arregles. Los platos en el fregadero, bueno, ya sabes lo que están diciendo. El montón de ropa que ahora parece una pequeña colina está esperando que tus habilidades de organización te ayuden. Todo, desde la disposición fortuita de tus dispositivos electrónicos hasta la forma en que las sillas se han dispersado por tu casa, te está bombardeando con primados.

Desafortunadamente, tienes otras cosas en tu mente consciente.

Esta es la razón por la cual tu subconsciente emocional toma toda esta información y la mantiene allí para revisarla en una fecha posterior. Ocasionalmente, tu subconsciente emocional le recuerda estas asociaciones, pero cuando lo hace, no puedes hacer una conexión fácilmente. Es por eso que comienzas a sentir que eres flojo y apático. En realidad, puedes ser una persona que disfruta de un estilo de vida activo. Pero debido a la apariencia de tu hogar en este momento, tu subconsciente emocional te está introduciendo influencias negativas. Estas influencias negativas eventualmente se convierten en emociones negativas, típicamente la emoción del estrés.

Entonces, ¿cómo despejar tu casa? El proceso es más simple de lo que imaginas.

• En primer lugar, configura una pequeña área de almacenamiento o espacio donde puedas guardar todas las cosas que necesitas. En esta área pondrás todos los artículos que planeas almacenar o regalar.

• Obtén cajas para los artículos que planeas regalar o guardar.

• Ahora todo lo que tienes que hacer es comenzar a organizar o colocar los elementos en las cajas, dependiendo de lo que quiera hacer con ellos. Si no puedes llevar a cabo todo el proceso de despeje de una vez, intenta hacerlo en intervalos de 15 minutos todos los días (puede que no parezca mucho tiempo, pero puedes hacer mucho en 15 minutos si simplemente pones toda tu atención en la tarea en cuestión).

CONSEJO PROFESIONAL: Mantén un temporizador o cronómetro listo cada vez que comiences a trabajar. De esta manera, no tienes que concentrarte en el tiempo y poner todo tu esfuerzo en limpiar. Cuando suena la alarma en el temporizador o el cronómetro, sabes que tiene que detenerte.

• Si te sientes confundido acerca de qué área debes ordenar primero, entonces comienza con el espacio que usas más. Toma un bolígrafo y papel y enumera las áreas en el orden de tiempo que pasas en cada una de ellas.

• Si tienes que trabajar en gabinetes y otros espacios de almacenamiento en tu hogar, asegúrate de anotar estos espacios de almacenamiento en tu lista. Una vez que los hayas escrito, puedes priorizar cuál te gustaría manejar primero.

• Finalmente (y probablemente el consejo más importante), no pospongas ni te pongas en una posición llena de indecisiones. Una vez que hayas tomado una decisión, mantente en el plan. Incluso si notas que el progreso es lento, no te rindas en el proceso.

Simplicidad en tu vida digital

El mundo digital es un reino importante. Dependemos de nuestros dispositivos digitales para brindarnos comodidad y facilitarnos la vida. Pero, ¿y si se convierten en la razón de nuestro estrés?

Mira tu dispositivo móvil y la cantidad de aplicaciones que has instalado en él. ¿Realmente necesitas todas esas aplicaciones que abarrotan tu teléfono?

Pero el concepto de desorden digital no solo se refiere a la cantidad de aplicaciones y dispositivos que tienes contigo. La idea se refiere al tiempo que gastamos en la tecnología digital en lugar de hacer algo en el mundo real.

Veamos cómo podemos ordenar nuestras vidas digitales.

El tiempo en tus dispositivos digitales

¿Cuánto tiempo pasas en tus dispositivos digitales? Para responder esto, me gustaría que elimines todas las actividades necesarias que son esenciales para tu vida personal y profesional. Por ejemplo, si eres un profesional del marketing digital, la mayor parte de tu tiempo lo pasarás en el espacio digital. ¿Pero qué hay de tu tiempo personal? ¿Cuánto tiempo te estás dando para simplemente salir a caminar o en leer un libro físico?

El primer paso para ordenar tu espacio digital es comenzar a tomar nota del tiempo que pasas en actividades en línea. Estos incluyen solo las actividades no esenciales, como desplazarte a través de tus redes sociales, mirar videos en línea, jugar juegos en tu computadora o incluso tu consola, y otras actividades similares.

Ahora, comienza a buscar áreas que puedas recortar. Por ejemplo, ¿has estado jugando juegos de PC durante dos horas todos los días? Tal vez podrías probar una de las siguientes actividades:

● Lectura

- Ejercitarte en el gimnasio.

- Pasar tiempo con un amigo.

- Actividades creativas como escribir o pintar.

- Meditación.

- Dar un paseo por el parque.

- Aprender un instrumento musical.

Simplemente eligiendo alguna de estas actividades, automáticamente le estás enseñando a tu cerebro que eres un individuo productivo. Esto, a su vez, aumenta los pensamientos positivos sobre ti en tu mente. Tu mente va de "Bueno, parece que va a volver a jugar sus juegos" a "Esto es maravilloso. ¡Mira la diferencia que él o ella ha logrado!".

Cuando comienzas a ordenar tu espacio digital, comienzas a notar el mundo que te rodea. Empiezas a notar tu entorno y te entiendes mucho mejor.

Simplicidad en tus actividades

¿Alguna vez has estado en una posición en la que hablas con tu amigo y él o ella te pregunta: "¿Cómo ha sido tu semana?" y tu respuesta fue algo similar a "¡He estado muy ocupado! Ni siquiera he tenido tiempo para tomar un respiro".

El problema con esa afirmación es que, aunque estés ocupado en el trabajo, te sientes mucho más ocupado de lo que deberías estar.

Eso es porque estamos constantemente con la mentalidad de hacer algo. Creemos que parar significaría que no somos productivos en absoluto. Con la cantidad de profesionales que te dicen "ponte a trabajar", sientes que si no sigues este consejo, simplemente eres un fracaso o eres flojo.

Pero eso no es verdad. Cada uno tiene diferentes objetivos en la vida. Para alcanzar esos objetivos, nos imponemos una cantidad determinada de trabajo. Ahora aquí es donde se complica. En lugar de ser productivos, nos enfocamos en agregar más trabajo a nuestra carga de trabajo ya desbordante. En lugar de organizar nuestros pensamientos y atención, terminamos haciendo todo al azar. Es por eso que el trabajo nunca parece completarse y siempre estás en un estado de impulso.

Entonces, ¿cómo organizamos nuestras actividades?

Asegúrate de tener un horario. Evalúa tus tareas y asigna un tiempo establecido para completar cada una de ellas. No te distraigas mientras completas tu tarea. Mantente enfocado hasta que veas que se ha completado.

Organiza tus prioridades. Estas podrían incluir cocinar, lavar la ropa, comprar comestibles u otras actividades cotidianas. Simplemente tienes que asignar un tiempo particular para estas actividades, de modo que ahora las practiques a ciertas horas del día.

Agrega lo que me gusta llamar el "tiempo cero" a tu agenda. Durante este tiempo, simplemente no haces nada. Estás sentado y meditando o permitiéndote organizar los pensamientos en tu cabeza. No te entretengas ni escuches música. Simplemente disfruta de tu compañía o de relajarte un poco.

Intenta salir del trabajo a tiempo. No hay nada que puedas ganar si te quedas e intentas hacer trabajo extra. Debes organizar tu día de tal manera que puedas realizar todas tus tareas antes de que termine el día.

Simplicidad en tus acciones

Nuestras acciones hablan más fuerte que nuestras palabras. Entonces, ¿qué es exactamente lo que están transmitiendo?

Pasamos por tantas acciones en nuestros días que llevar la cuenta de ellas sería abrumador. Comenzamos a actuar de una manera particular debido al estrés que experimentamos o al nivel de aburrimiento que ha entrado en nuestras vidas.

No hay manera de que puedas manejar todas y cada una de las acciones en tu vida. Eso significaría sacrificar tu atención en las cosas que importan para microgestionar. En cambio, puedes motivarte a ti mismo para actuar de una manera particular. Veamos cómo puedes lograrlo.

Trata de aceptar un desafío. Puede ser un desafío físico o mental. Podrías ir al gimnasio. Puedes empezar a trabajar en los rompecabezas de Sudoku. Incluso puedes aprender a dibujar. Cada desafío te permite mejorar en algo. Cuando te ves mejorando en un campo en particular, empiezas a sentirte bien contigo mismo y con tus capacidades. Esto eventualmente se refleja en tus acciones porque antes no tenías confianza en ti mismo, pero ahora, sabes que eres capaz de aceptar desafíos.

Otra forma de cambiar tus acciones es desarrollando tus habilidades. Digamos que eres un chef de profesión. Una de las formas de mejorar tus habilidades es intentar hacer nuevos platos y practicar nuevas técnicas. De esta manera, siempre te mejoras a ti mismo, lo que aumenta aún más tu autoestima y confianza.

No te pongas metas que no tengan un claro sentido de dirección. Por ejemplo, si estás planeando viajar, no digas simplemente que en 2 años vas a viajar a 20 lugares. Más bien, trate de hacer una lista de los lugares a los que le gustaría viajar basándose en las leyes, los requisitos de su visa y los gastos. Esto le permitirá planear mejor y comenzar a lograr un objetivo tras otro.

Capítulo 11: Vive con Emociones

Tu vida con emociones

Ahora que comprendes más sobre el subconsciente emocional y la forma en que afecta tu vida, podrías estar mejor equipado para lidiar con él.

Sin embargo, hay mucho que puedes hacer.

Piénsalo a través de este ejemplo.

Digamos que tú y tus amigos han decidido realizar un viaje por carretera a través del país. Has empacado todas tus cosas y pronto te encuentras conduciendo lejos. En el camino, uno de tus amigos comienza a tocar algunas canciones populares. Tú y tus amigos conocen la letra de la canción. Tus amigos, ya emocionados, comienzan a cantar la canción.

Ahora, tú tienes dos opciones:

• Puedes decir que no vas a dejar que tu mente subconsciente se haga cargo y se concentre conscientemente en tu conducción.

• O, puedes dejar que tu mente subconsciente se haga cargo de la conducción mientras te concentras en cantar junto con sus amigos y pasar un buen rato. Por supuesto, si tu mente subconsciente experimenta una ocurrencia repentina, como un vehículo que se aproxima, entonces notificará automáticamente a tu mente consciente.

Es similar a una situación en la que conduces a casa y te pierde en tus pensamientos. Cuando llegas a casa y detienes el auto, te sacan de tu ensueño.

En lugar de tratar de dominar nuestro subconsciente emocional, que está haciendo su trabajo en función de la información que le proporcionas, debes concentrarte en trabajar en tus emociones. Al usar las técnicas de este libro y también desarrollar tu Inteligencia Emocional, lo que muchos psicólogos coinciden es tan importante como tu Cociente de Inteligencia o tu IQ (Ball, 2017).

La clave para recordar aquí es que todos reaccionamos de manera diferente a las situaciones. Algunas personas no pueden contener la ira que sienten hacia un escenario particularmente amenazante. Otros pueden mantener un nivel de paciencia que sorprendería incluso a un monje tibetano. Pero eso no significa que una persona sea mejor que la otra. Verás, las personas tienen fortalezas cuando se trata de ciertas emociones, pero pueden ser débiles cuando se trata de otras.

En el ejemplo anterior, la persona que muestra mucha paciencia cuando maneja la ira podría no tener tan buenos resultados cuando se trata de controlar su tristeza. Es por eso que cada uno de nosotros debemos asegurarnos de ser honestos acerca de nuestras debilidades sin compararnos con los demás.

Después de todo, todos tienen sus desafíos emocionales.

Maneja las emociones de otros

Muchas personas piensan que manejar las emociones de los demás es una forma de control mental o capacidades de sexto sentido. Pero la realidad es mucho más simple y no tiene nada que ver con la pseudociencia o el misticismo. Manejar las emociones de los demás viene con comprenderlas mejor. Se trata de saber de dónde vienen y encontrar formas de ayudarlos a aceptar las emociones que exhiben. Aquí hay algunas formas de manejar las emociones de los demás.

Empatía

Antes de siquiera pensar en manejar las emociones de los demás, es importante tener una idea de lo que están pasando. Intenta ver de dónde vienen sus emociones. Si no comprendes, no dudes en hacer preguntas para comprender más. Asegúrate de no convertir las preguntas en un interrogatorio. A las personas no les gusta sentir que están siendo investigadas para obtener información. Sé paciente. Las personas con alta inteligencia emocional irradian positividad. Otros notan esta positividad en la forma en que las personas con alto coeficiente intelectual se mueven, se presentan, hablan o incluso gesticulan. Debido a que son fáciles de abordar, se puede confiar fácilmente en ellos. Esto ayuda a romper el hielo y les permite comprender mejor a las personas.

Escucha más

Una de las tácticas psicológicas más simples que puedes usar es escuchar más y evitar hablar demasiado. A la mayoría de las personas no les gustan las pausas largas y los silencios incómodos. Se sienten obligados a agregar algo a la falta de comunicación que tiene lugar. Otros, simplemente quieren una oportunidad para hablar sin juzgar.

No juzgues

No alimentes ideas críticas a tu subconsciente emocional o podrías comenzar a reaccionar ante otras personas basándote en esos juicios. Puede que no parezca muy obvio, pero pueden aparecer indicadores sutiles y la gente puede detectarlos. Por ejemplo, si albergas prejuicios contra alguien, entonces podrías tender a no creerle. Puede suceder en la forma en que los cuestionas o respondes. Finalmente, se dan cuenta de las señales que estás exhibiendo y deciden no confiar en ti en absoluto. Siempre mantén una mente abierta y entrena tu subconsciente emocional para aceptar personas de diferentes culturas, etnias, géneros u orientación sexual. Una de las mejores formas de hacerlo es leyendo más sobre la diversidad de las personas. Aprende sobre lo que los hace únicos.

Habla despacio

Una de las cosas que puedes hacer para asegurarte de que las personas tengan una buena impresión es hablar despacio. Esto también les permite reducir la velocidad a tu ritmo. Cuando notas que la otra persona está hablando demasiado rápido y probablemente está ansiosa, entonces simplemente hablando con claridad y lentamente engañas a su cerebro para que piense que no hay nada de qué preocuparse. Ellos, a su vez, dejan de sentirse ansiosos y puedes tener una conversación adecuada.

Crea una conexión

Casi todos en el mundo tienen como objetivo crear una conexión con otra persona. Lo hacen encontrando un terreno común. Al hacer esto, intentan validarse a través de una fuente externa. Una de las formas en que puedes lograr que la otra persona baje sus defensas, calme sus emociones y sea más abierto a ti, es hablando de un interés común. Esta es una forma de generar confianza también.

Haz preguntas que exploren

Es importante llegar a conocer a alguien usando una charla pequeña. Pero si la conversación no avanza hacia temas de conversación más amplios, entonces la persona frente a ti, podría pensar que no tienes confianza, que no deseas conocerlos mejor o que te sientes incómodo con ellos. Esto les permite creer que deben ser cautelosos contigo y que sus emociones pueden reflejar su línea de pensamiento. Cuando haces preguntas que exploran, las personas comienzan a sentirse más cómodas a tu alrededor. Eventualmente, son guiados por emociones positivas. Aquí hay algunos ejemplos de preguntas o consultas exploratorias:

- Eso es interesante. Cuéntame más sobre eso.

- ¿Qué haces?

- ¿Cómo fue estar allí?

- ¿Cómo se sintió crecer allí?

Por supuesto, la situación también importa. Por ejemplo, si asistes a una reunión de negocios en la que el tema principal es cómo crear una asociación rentable, no creo que tu próxima pregunta deba ser: "Dime cómo fue crecer allí".

Deja ir a ciertas personas

Ser el que deja ir a alguien o cierta relación puede ser difícil. A veces, incluso doloroso.

Pero ciertas circunstancias requieren la necesidad de decir que no necesitas a una persona en particular o a un grupo de personas en tu vida.

Si tan solo fuera una tarea fácil.

¿Por qué a algunas personas les resulta difícil dejar a sus parejas a pesar de que esas parejas son emocionalmente abusivas y, a veces, incluso físicamente abusivas hacia ellas? ¿Por qué no podemos admitir que tenemos un grupo tóxico de amigos y que es mejor para nosotros encontrar nuevas personas para hacer amigos? ¿Por qué nos negamos a simplemente dejar ir a la gente?

La respuesta podría estar en una de las siguientes razones:

• Nos acostumbramos a las personas que nos rodean, a que cualquier cosa que digan o hagan nos parezca "normal", a pesar de que somos víctimas de un ataque.

• Podemos experimentar baja autoestima y, debido a eso, nuestras emociones pueden ser tan negativas que, en lugar de centrarnos en dejar ir a alguien, estamos más centrados en cómo manejar nuestras emociones desbocadas.

• A veces, podríamos sentirnos culpables por irnos. Sentimos que estamos "abandonando" la relación. No cuestionamos el impacto que la relación tiene en nosotros. Solo miramos lo que nuestras acciones pueden causar.

• Una de las razones podría ser que tememos lo que pueda suceder cuando dejamos ir a la persona. ¿Alguna vez tendremos más amigos? ¿Nos golpeará la soledad?

Entonces, ¿cómo podemos dejar ir a las personas?

Piensa en los resultados positivos

No intentes pensar en el impacto negativo de tus acciones. Más bien, intenta y piensa en lo que vas a ganar cuando sueltes a la persona. ¿Vas a ser más independiente? ¿Te sentirás menos estresado? ¿Tendrás la oportunidad de explorar tus talentos sin sentir que estás siendo juzgado? Cualquiera sea la razón, piensa en el lado positivo en lugar de preocuparte por los resultados negativos.

Considera el impacto de otras personas

Dejar ir a la otra persona puede no ser fácil. Es posible que otras personas cercanas a ti, como tu familia y amigos, también se vean afectadas. Asegúrate de conocer tus acciones, y de hablar con la mayor cantidad de personas posible, antes de comprometerse con ellas.

En algunos casos, la persona que estás dejando ir podría intentar sabotear tu buena imagen. Incluso podrían tratar de afectar tu buena reputación. Intenta y piensa cómo estos factores podrían afectarte. ¿Puedes lidiar con las repercusiones? ¿Puedes prepararte para lo que viene después? ¿Cómo puedes asegurarte de que la persona no pueda hacerte daño a ti ni a tu reputación?

Explica con razones

Simplemente decir adiós podría ser un mal movimiento. Incluso si la otra persona te ha causado daño, es mejor explicar las circunstancias y motivaciones detrás de tu decisión.

Habla con ellos e intenta llegar a una decisión amigable. Si las cosas salen mal a pesar de tus mejores esfuerzos, debes saber que has hecho todo lo posible y que no hay nada más que puedas hacer.

No seas un guerrero solitario

Ten personas de confianza contigo. Esto no significa que arrincones a la persona que estás dejando ir. Más bien, es bueno tener personas detrás de ti que apoyen tu decisión. Dejar ir puede ser difícil.

¿Estás dejando ir a una pareja que ha sido abusiva contigo? Habla con tu familia al respecto.

A través de formas simples, intenta y busca consuelo en el hecho de que hay personas que te apoyan.

Cuando estás Solo

No te preocupes si sientes que no tienes muchos seguidores. Cuando entiendes el lado que otras personas han elegido, entonces puedes darte cuenta de la realidad de la situación: eres libre de seguir adelante y encontrar mejores relaciones.

Pase lo que pase, no te veas como la víctima. Sabes que estás tomando una medida valiente. No hay una manera fácil de salir de esto.

Permítete llorar

Si quieres llorar, no dudes en soltar tus lágrimas. Has perdido algo y no es fácil simplemente "superarlo". Permítete llorar, pero sé consciente de tus emociones. Si descubres que tus emociones están saltando hacia el lado negativo, asegúrate de detenerte. Anímate y haz algo para distraerte. Se tu mismo. Disfruta las cosas a tu alrededor. Si aún deseas llorar más tarde, puedes hacerlo. Pero no dejes que el dolor te abrume.

Conclusión

Las emociones nunca son fáciles de entender. Eso es porque durante la mayor parte de nuestras vidas, les hemos permitido que nos administren. No nos hemos tomado el tiempo para entenderlas porque estamos demasiado distraídos por los eventos que ocurren a nuestro alrededor.

Estamos ocupados en el trabajo. Tenemos facturas que pagar. Estamos preocupados por nuestra familia.

Pero lo importante es darse cuenta de que, si no reservamos el tiempo para manejar nuestras emociones, siempre estaremos atrapados en un bucle sin fin de emociones negativas. Nunca tendremos la oportunidad de liberarnos y trabajar verdaderamente en cosas que agreguen un propósito a nuestras vidas y nos hagan más felices.

Y antes de darnos cuenta, ya hemos desperdiciado la mayor parte de nuestras vidas para ponernos al día con nuestras emociones.

Nuestras emociones son poderosas y también son necesarias. Sin ellas, es posible que no podamos navegar por las complejidades de la vida.

Pero la conclusión clave aquí es que tenemos que usar las emociones para ayudarnos a pasar por la vida. Deberíamos poder entender cómo influyen en nuestras vidas.

No estás destinado a sobrevivir simplemente a la vida. Estás destinado a vivirla.

Y el primer paso para vivir tu vida es administrar uno de sus componentes más vitales:

Tus emociones.

En ese sentido, mantente feliz, mantente fuerte y esperemos que mejores tu estado de ánimo emocional.

Referencias

Balbusso, R., Waterman, R., & Lee, J. El cerebro humano se carga diariamente con 34 GB de información. Fuente: https://www.tech21century.com/the-human-brain-is-loaded-daily-with-34-gb-of-information/

Ball, J. (2017). Inteligencia emocional: por qué la IE puede ser más importante que el coeficiente intelectual. Fuente: 19 de julio de 2019 de, https://www.irishtimes.com/life-and-style/health-family/emotional-intelligence-why-ei-can-be-more-important-than-iq-1.2953573

Bye, J. (2012). Clásicos de la psicología: Tarea de selección de Wason (Parte I). Fuente: https://www.psychologyinaction.org/psychology-in-action-1/2012/10/07/classic-psychology-experiments-wason-selection-task-part-i

Camp, J. (2012). Las decisiones son en gran medida emocionales, no lógicas: la neurociencia detrás de la toma de decisiones. Fuente: https://bigthink.com/experts-corner/decisions-are-emotional-not-logical-the-neuroscience-behind-decision-making

Carter, S. (2012). Por qué el desorden causa estrés: 8 razones, 8 remedios. Fuente: 18 de julio de 2019, de https://www.psychologytoday.com/us/blog/high-octane-women/201203/why-mess-causes-stress-8-reasons-8-remedies

Cudmore, B. (2017). Las raíces evolutivas del instinto. Fuente: https://www.the-scientist.com/notebook/the-evolutionary-roots-of-instinct-31217

Cherry, K. (2019). Cómo los sesgos cognitivos influyen en cómo piensas y actúas. Fuente: https://www.verywellmind.com/what-is-a-cognitive-bias-2794963

Cherry, K. (2019). Por qué nuestros cerebros están programados para enfocarse en lo negativo. Fuente: el 18 de julio de 2019, de https://www.verywellmind.com/negative-bias-4589618

Gladwell, M. (1991). Asuntos de elección confusos por el pensamiento. Fuente: https://www.washingtonpost.com/archive/politics/1991/03/04/matters-of-choice-muddled-by-thought/5e6f1511-0d9e-4263-bac0-9ee2fb2770ef/?noredirect=on&utm_term=.989ec7b0ef4f

Goldhill, O. (2015). Los humanos nacemos irracionales, y eso nos ha hecho mejores tomadores de decisiones. Fuente: https://qz.com/922924/humans-werent-designed-to-be-rational-and-we-are-better-thinkers-for-it/

Hallinan, J. (2014). Hasta dónde llegaremos para sentirnos en control. Fuente:

https://www.psychologytoday.com/us/blog/kidding-ourselves/201404/how-far-well-go-feel-in-control

Escuela Médica de Harvard. (2005) Los rasgos de personalidad tipo D pueden dañar la salud del corazón. Fuente:: el 17 de julio de 2019, de
https://www.health.harvard.edu/press_releases/type_d_personality

Heshmat, S. (2015). ¿Qué es el sesgo de confirmación? Fuente: https://www.psychologytoday.com/us/blog/science-choice/201504/what-is-confirmation-bias

Heurística (2019) Fuente:
https://www.apa.org/pubs/highlights/peeps/issue-105

Holland, R., Hendriks, M., & Aarts, H. (2005). Huele a espíritu limpio: efectos no conscientes del olor sobre la cognición y el comportamiento. ciencia psicológica, 16(9), 689-693. doi: 10.1111/j.1467-9280.2005.01597.x

IIHS. (2018). Hechos Fatales 2017: instantánea anual. Fuente del 16 de julio de 2019, de
https://www.iihs.org/iihs/topics/t/general-statistics/fatalityfacts/overview-of-fatality-facts

Lindberg, S. (2018). Su ansiedad ama el azúcar. Come estas 3 cosas en su lugar. Fuente del 18 de julio de 2019, de
https://www.healthline.com/health/mental-health/how-sugar-harms-mental-health

Ma, L. (2016). Anger: Inhala exhala. Fuente del 17 de julio de 2019, de https://www.psychologytoday.com/intl/articles/200305/anger-breathe-in-breathe-out

Nauert, R. (2019). ¿Son las emociones universales? Fuente: https://psychcentral.com/news/2018/01/27/are-emotions-universal/10999.html

Nordquist, R. (2018). ¿Qué es una falacia lógica? Fuente: https://www.thoughtco.com/what-is-logical-fallacy-1691259

Oswald, M. E., & Grosjean, S. (2004). Sesgo de confirmación. En R. F. Pohl (Ed.), Ilusiones cognitivas: un manual sobre falacias y sesgos en el pensamiento, el juicio y la memoria (págs. 79-96). Nueva York: Psychology Press.

Stafford, T. (2015). Tu subconsciente es más inteligente de lo que piensas. Fuente: http://www.bbc.com/future/story/20150217-how-smart-is-your-subconscious

Zhong, C., & Liljenquist, K. (2006) Lavar sus pecados: moralidad amenazada y limpieza física. Science, 313(5792), 1451-1452. doi: 10.1126/science.1130726

* 9 7 9 8 6 4 7 6 1 7 0 1 9 *